明暗分かれる鉄道ビジネス

暴利を得る鉄道と破綻する鉄道のカラクリ

佐藤 充

彩図社

はじめに

ＪＲ東日本の鉄道を利用する人は、１日あたり１７００万人以上で、Suicaなどを通じて金が入り、同社の鉄道運輸収入は年間１兆８５６７億円（２０１８年度）にもなる。

東海道新幹線は、東京〜新大阪の運賃が１万円を超えるが、１年間の輸送人員は１億７０００万人で、新幹線の旅客運輸収入だけで１兆２９１８億円。しかも、16両編成（定員１３２３人）に乗務するのは、運転士１名、車掌が２名、車内販売をするパーサーが２名という少人数体制だ。効率良く利益が上がり、ＪＲ東海の営業利益は７０００億円を超える。

まさに、「金のなる木」である。世間の営業マンは受注を獲得するのに苦労するが、沿線に住民がいる限り、あるいは東京〜大阪を移動する人がいる限り、乗客が集まって金を落としていく。

しかも、技術進歩によって、新幹線や特急電車の車内改札はなくなり、窓口で切符を売る人も減った。車両の電子化により車両整備の人員も減り、職人もいなくなった。ベースアップを行っても、社員数が減っているため、「金のなる木」の果実はさらに大きくなる。そのうえ、商社やコンサル会社とは違い、鉄道は現場第一線で働く社員が多く、高学歴者が少ない。それでも、JR東日本、JR東海の平均年間給与は700万円を超える。

これらの企業ではネームバリューもあり、人手不足に悩む企業が多い中で、黙っていても就職希望者が殺到する。親からすれば、子供が「金のなる木」の果実を手にする側になれば、これほど喜ばしいことはない。

一方で、需要の少ないところでは、いかに身を切る努力をしても、鉄道経営が成り立たない。

JR北海道では、人件費を大幅に削り、車両の修繕費なども切り詰めて、廃線も進めてきた。しかし、大きな事故や不祥事を起こし、数字以上に悲惨な企業体質が明らかになり、経営トップが相次いで自殺する。経営は国鉄改革時の想定以上に悪化して、多くの路線で単独での維持が困難と宣言された。

莫大な利益が得られるところでは、沿線に商業施設を入れてもオフィスビルを建てても利益が積み上がるので、必要なのは空きスペースを見つける努力だ。一方、経営が成り立たないところでは、赤字路線を切り離す努力を続けている。

大手私鉄では、古くから関連事業を展開しており、百貨店、レジャー関連、流通、不動産と、企業王国へと変貌した。好不況などで大きな波も押し寄せるが、都心の一等地にある土地が金を産むため、リストラを断行すれば危機を乗り越えられる。

そんな「金のなる木」や王国は、我々が払う日々の交通費や、レジャーで落とす金で育っている。我々も、その果実を享受している側に少しは関心を持ってみるべきだろう。

本書は、JR各社と大手私鉄の鉄道ビジネスを俯瞰的に見渡しながら、儲けの仕組みを解き明かすものだ。鉄道ビジネスを扱う書籍の多くは、彼らのビジネスの都合上、鉄道会社が嫌がることは書かない。しかし、鉄道会社が経営破綻すれば社会問題になり、独占的立場で暴利を得ていれば社会を歪める存在となる。どちらにしても影響を受けるのは我々だ。社会と密接な鉄道だからこそ、媚びることなく、その実態に迫りたい。

JR 在来線路線図

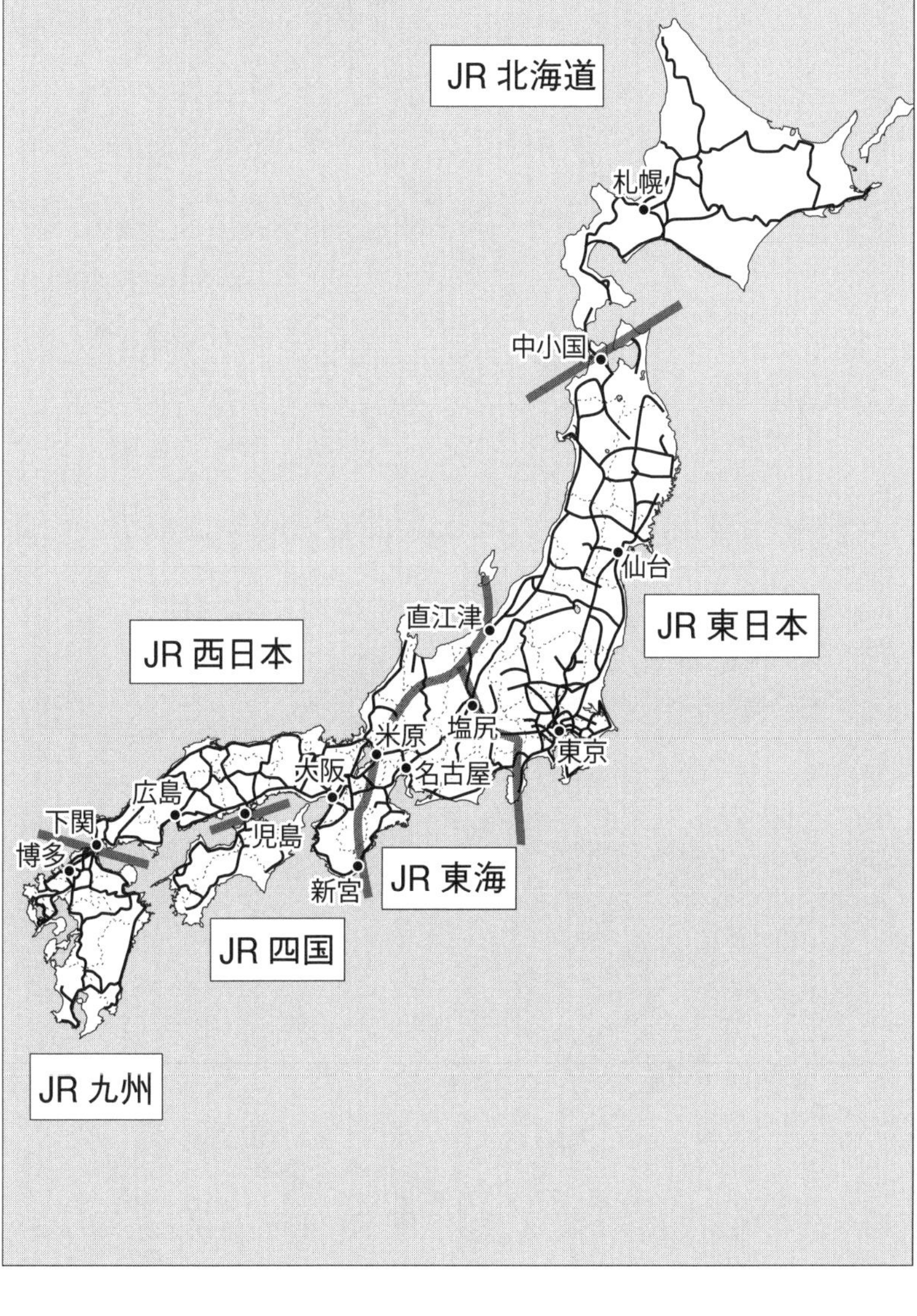
JR 北海道
札幌
中小国
仙台
JR 東日本
直江津
JR 西日本
塩尻
東京
米原
名古屋
大阪
広島
下関
児島
博多
新宮
JR 東海
JR 四国
JR 九州

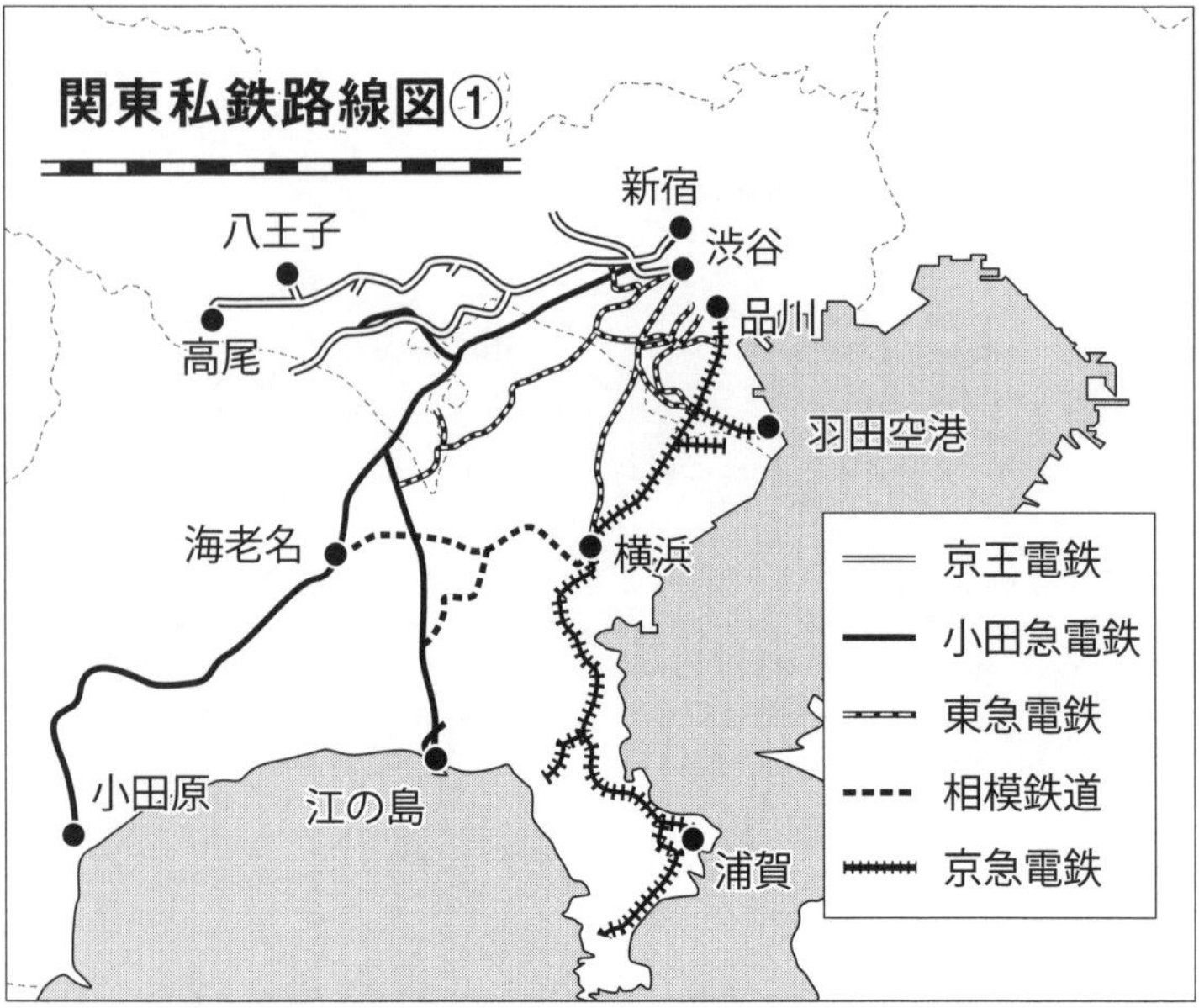
関東私鉄路線図①
新宿
八王子
渋谷
品川
高尾
羽田空港
海老名
横浜
京王電鉄
小田急電鉄
東急電鉄
相模鉄道
小田原
江の島
浦賀
京急電鉄

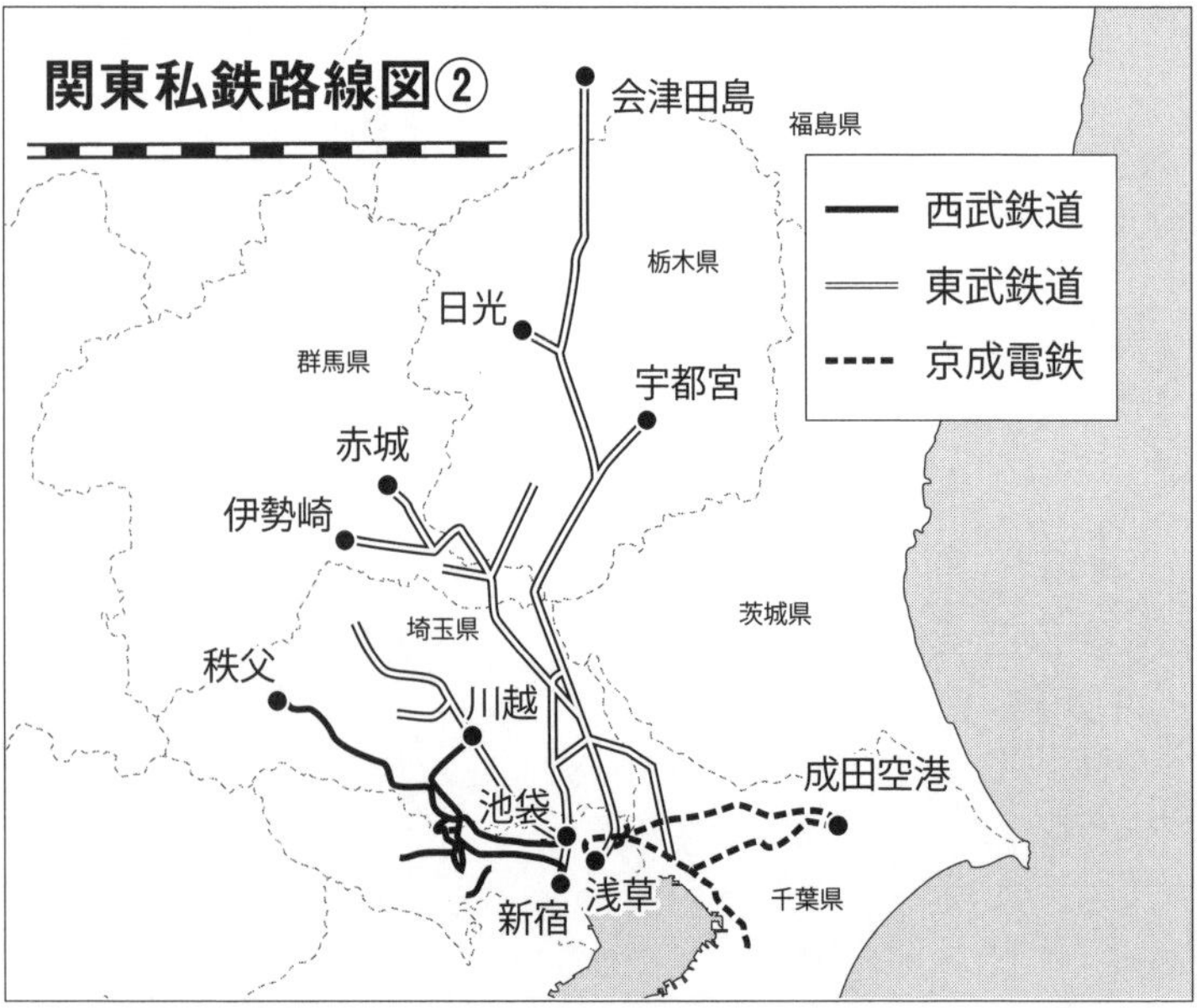
関東私鉄路線図②
会津田島
福島県
西武鉄道
栃木県
東武鉄道
日光
京成電鉄
群馬県
宇都宮
赤城
伊勢崎
茨城県
埼玉県
秩父
川越
成田空港
池袋
浅草
千葉県
新宿

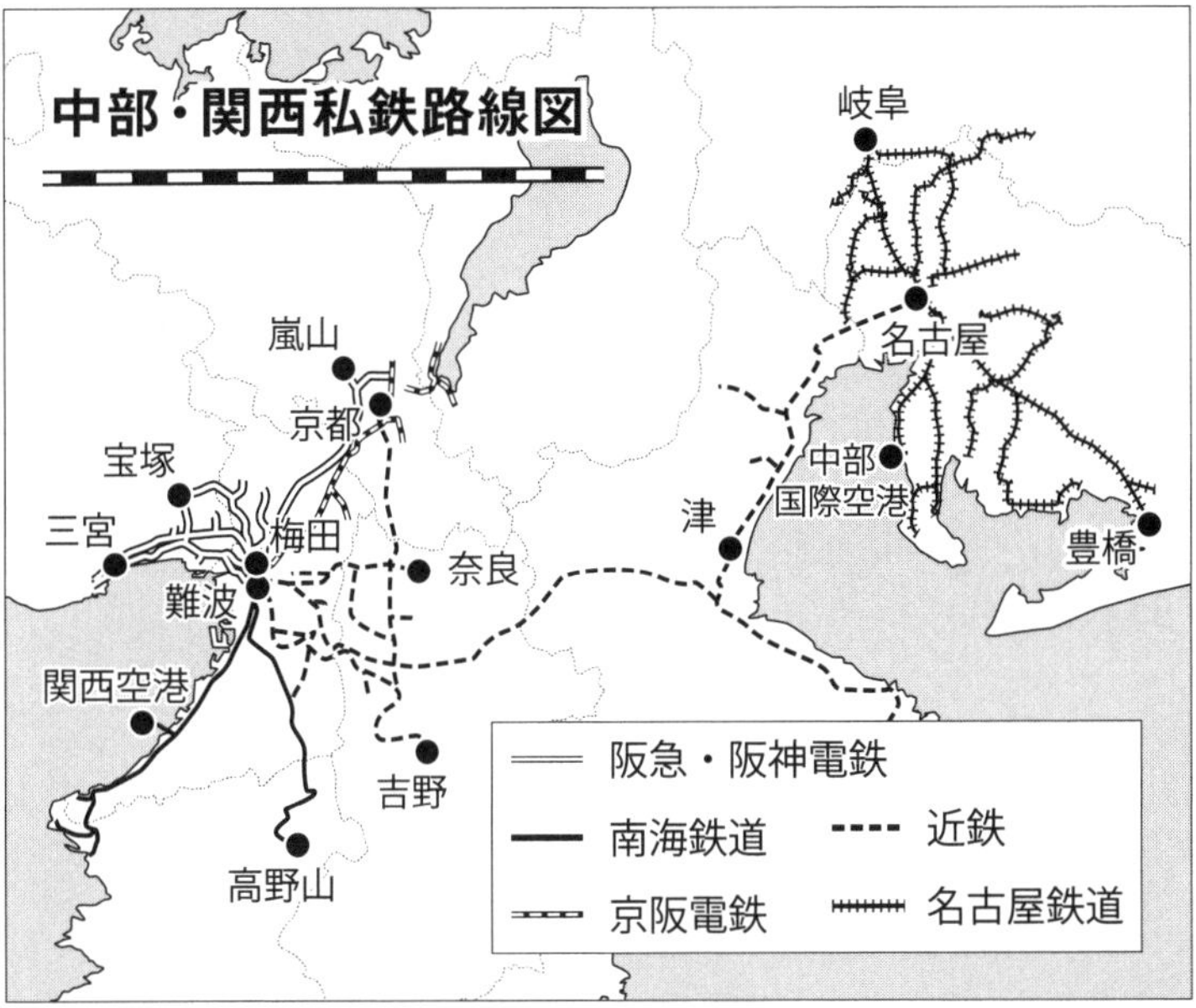
中部・関西私鉄路線図
岐阜
名古屋
嵐山
京都
宝塚
中部
国際空港
津
三宮
梅田
奈良
豊橋
難波
関西空港
吉野
高野山
阪急・阪神電鉄
南海鉄道
近鉄
京阪電鉄
名古屋鉄道

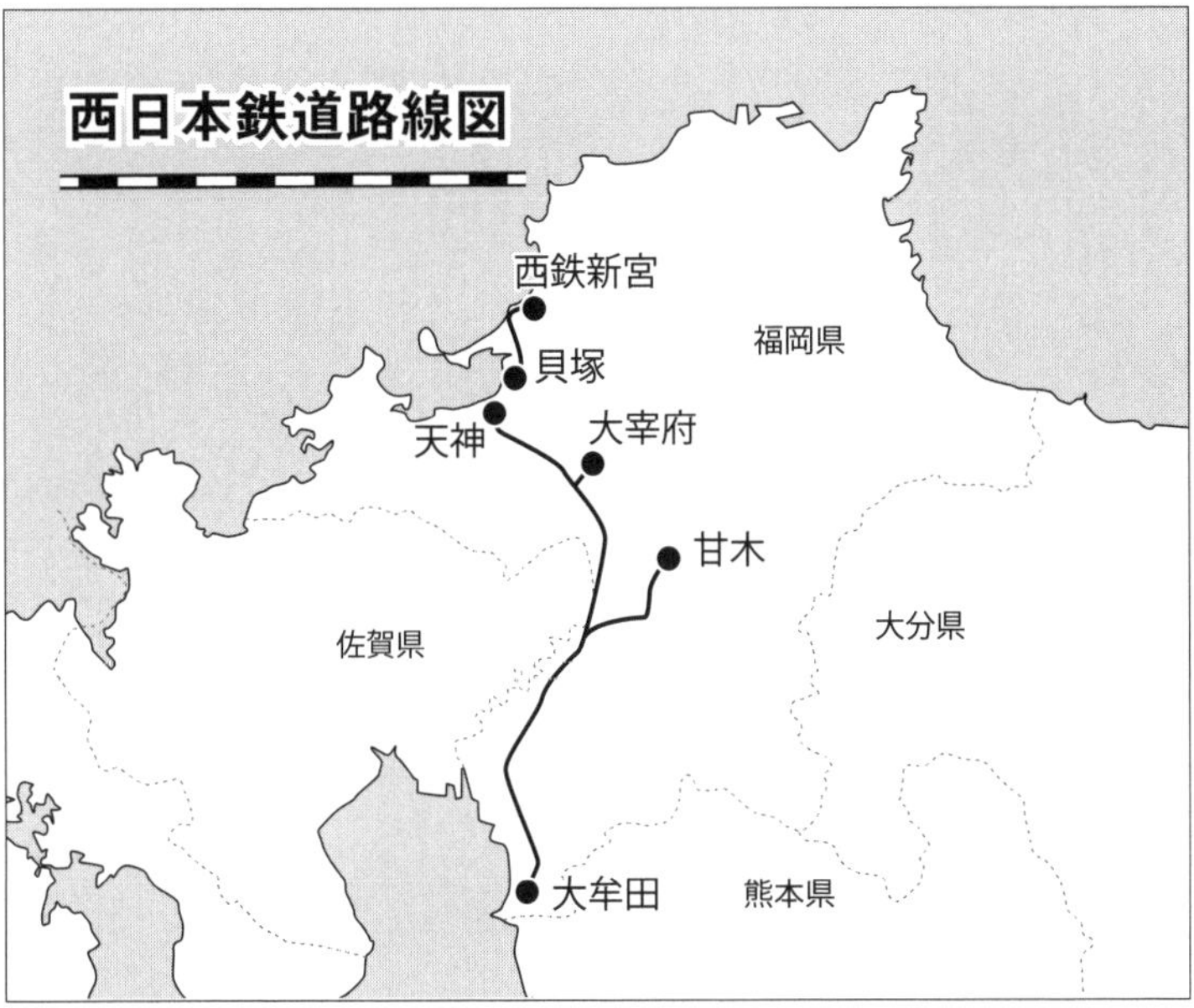
西日本鉄道路線図
西鉄新宮
福岡県
貝塚
天神
大宰府
甘木
佐賀県
大分県
大牟田
熊本県

明暗分かれる鉄道ビジネス

目次

第3章 JR各社の儲けのカラクリ

第４章 大手私鉄の戦略（関東）

第1章
鉄道ビジネスとは何か

鉄道ビジネスと航空ビジネスはどちらが大きいのか？

日本は鉄道王国だと言われる。裏を返せば、それだけ莫大な金が鉄道会社に流れ込む。国内旅客輸送では、エアラインが約1兆4000億円（2017年度）、ハイヤー・タクシーが約1兆7000億円（2015年度）の営業収益を上げるが、（モノレールや路面電車も含めた）鉄軌道の営業収益は約6兆7000億円（2016年度）にもなる。エアライン（国内線）とハイヤー・タクシーを合計しても鉄道の半分にも満たないのだ。ちなみに、輸送量（人キロベース）の差はもっと大きく、航空（国内線）が15％、自動車（自家用車を除く）は13％で、鉄道は72％を占める。同じく鉄道王国と言われるヨーロッパの国々でも、これほどではない。日本の鉄道は世界にも例のない存在である。

鉄道は関連事業も多い。

航空会社は、ＪＡＬやＡＮＡのような大手でも、事業のほとんどが航空事業に限られる。旅行パッケージ、免税店など、航空事業以外もあるが、割合は微々たるものだ。ちなみに、日航ホテル、ＡＮ

Aクラウンプラザホテルなどの航空会社のブランドホテルは、どちらも現在ではグループ傘下から外れている。例えば、JRタワーホテル日航札幌、ホテル日航ノースランド帯広を経営するのは、JR北海道ホテルズである。これはJR北海道の100%子会社で、JALの資本は入っていない。

一方、大手鉄道会社の場合、ほとんどが駅ビルを運営する。その典型が、テナントを入れて賃料を得る不動産賃貸業である。

単にテナントを入れるだけでなく、JR東日本のアトレのようにショッピングセンターを運営することもあれば、JR東海やJR西日本のように百貨店業を行うこともある。駅ビルどころか、駅構内に商業施設をつくる「駅ナカ」というビジネスまで生まれた。集客力のある駅があることで、鉄道には莫大な金が流れ込む。

一方、空港の場合には、羽田空港でも年間の旅客数は年間8700万人(2018年度)である。新宿駅の利用者は年間で13億人なので、まったく桁違いだ。羽田空港が肩を並べる駅は、代々木上原駅あたりである。

しかも、駅は鉄道会社が運営しているが、空港は航空会社が運営するわけではない。羽田空港は日本空港ビルデングなどの民間企業が運営しており、その株主にANAやJALは含まれるが、割合は低く、連結対象ではない。

ちなみに、羽田空港・成田空港のリムジンバスでさえも、航空会社の資本は微々たるもので、一方、京成電鉄が27％以上の株を保有している。

空港は「港」なので多くの航空会社が利用するが、鉄道の場合、駅も線路も基本的には鉄道会社の占有物である。東京駅では、ＪＲ東海が東海道新幹線を運行し、ＪＲ東日本が在来線やその他の新幹線を運行しているが、土地や施設を共有しているのではなく、両社には明確な境界がある。その中で、駅ナカのような独占的な事業を行っている。

株式を公開している鉄道会社は25社あるが、その売上高を合計すると15兆円になる。一方で、国内の鉄道事業の売上高は全体でも７兆円に過ぎない。つまり、鉄道会社は、鉄道以外の事業で儲けるのだ。

儲かる独占的な鉄道ビジネス

ＪＲの前身、日本国有鉄道（国鉄）には、「日本国有鉄道法」という法律によって足枷がはめられていた。国鉄が独占的な立場で事業を展開すれば、民業が圧迫される。そのため、国鉄には鉄道事業に関連する事業（連絡船やバスなども含む）だけを認めた。当初の国鉄は、駅ビルでショッピングセンターを経営することすら許されなかったのだ。

駅ビルには街を発展させる側面もあるが、駅周辺の商業施設に影響を与える。そんな国鉄は、1964(昭和39)年度に赤字に転落して、1971(昭和46)年には2342億円の赤字を出す。この年から償却前赤字に陥り、運転資金すら賄えなくなった。この年、国鉄の足枷は緩和されて、次々と駅ビルが誕生したが、それでも国鉄の経営は行き詰まり、分割民営化によって消滅する。


国鉄が民営化されると、駅ビルはJRへと引き継がれた。民間企業のJRには、もはや足枷など存在しない。JR東日本は、アトレ、ルミネ、ペリエなどのブランドで駅ビル(ショッピングセンター事業)を展開し、その数は159ヶ所にもなる。

JR東日本の場合、ショッピングセンター事業、サピアタワーなどのオフィス賃貸事業や、ホテルメトロポリタンなどのホテル事業などを「不動産・ホテル事業」というセグメントにしている。その営業収益は全体の1割ほどだが、利益率は非常に高い。JR東日本全体の営業利益率は16％だが、不動産・ホテル事業は25％にもなる。

このような高い利益を得られるのは鉄道事業者の特権だ。この状況は、ルクア大阪などがあるJR西日本でも、JRセントラルタワーズなどがあるJR東海でも同じである。いずれも鉄道事業に

東急電鉄の渋谷ヒカリエ（左）と
二子玉川ライズ（上）
（左/©DickThomasJohnson）
（上/©Wpcpey）

比べれば規模は小さいが、利益率はかなり高い。

東急電鉄や阪急阪神ホールディングスなどの大手私鉄になると、不動産事業は駅ビルだけに留まらない。

東急電鉄には渋谷ヒカリエがあり、二《ふた》子《こ》玉川《たまがわ》ライズなどがある。前者は渋谷を代表する建物であり、後者は、二子玉川の街を形成する。二子玉川ライズの中には、ショッピングセンターやオフィス、ホテルやマンションが立ち並び、まさに東急電鉄がつくった街である。

このような大手私鉄の不動産事業を国鉄は指をくわえて見るしかなく、しかも足元では赤字が雪だるまのように膨らんだ。国鉄からＪＲに変わったとき、抑圧されてきた彼らは、ようやく世に放たれた。

鉄道の周辺には儲かる事業がある。だからこそ、ＪＲ東日本などには、発足当初から勝算があった。国鉄では赤字が雪だるまのように膨らんだが、ＪＲ東日本が本気で鉄道ビジネスを行えば、莫大な利益になると彼ら自身が知っていたのだ。

一部の鉄道会社に富が集中する

東京などの大都市では鉄道が事業として成立する。鉄道が人を集めれば、駅ビルなど、乗客を囲い込むビジネスで大きく儲ける。これは負けようのない方程式である。一方で、鉄道が事業として成立しなければ、会社を存続させるのも大変だ。鉄道の利用者が少ないと、駅の価値も低く、駅ビルなどの周辺事業も難しい。

ＪＲ東日本の場合、新幹線と関東圏は営業キロの半分を占めるに過ぎないが、これだけで全社の旅客収入の96％を占める。２０１８年度の実績で、同社の鉄道の旅客運輸収入は１兆８５６７億円にもなるが、関東圏以外の在来線の営業収益は６９２億円に過ぎない。

では、ＪＲ東日本から新幹線と関東圏を取り上げたらどうなるのか？

営業キロの長さで言えば、ＪＲ北海道とＪＲ四国を合計したぐらいの３７２７キロが残る。しかし、鉄道運輸収入ではＪＲ北海道とＪＲ四国の合計９６０億円にも及ばず、その7割しかない。それで

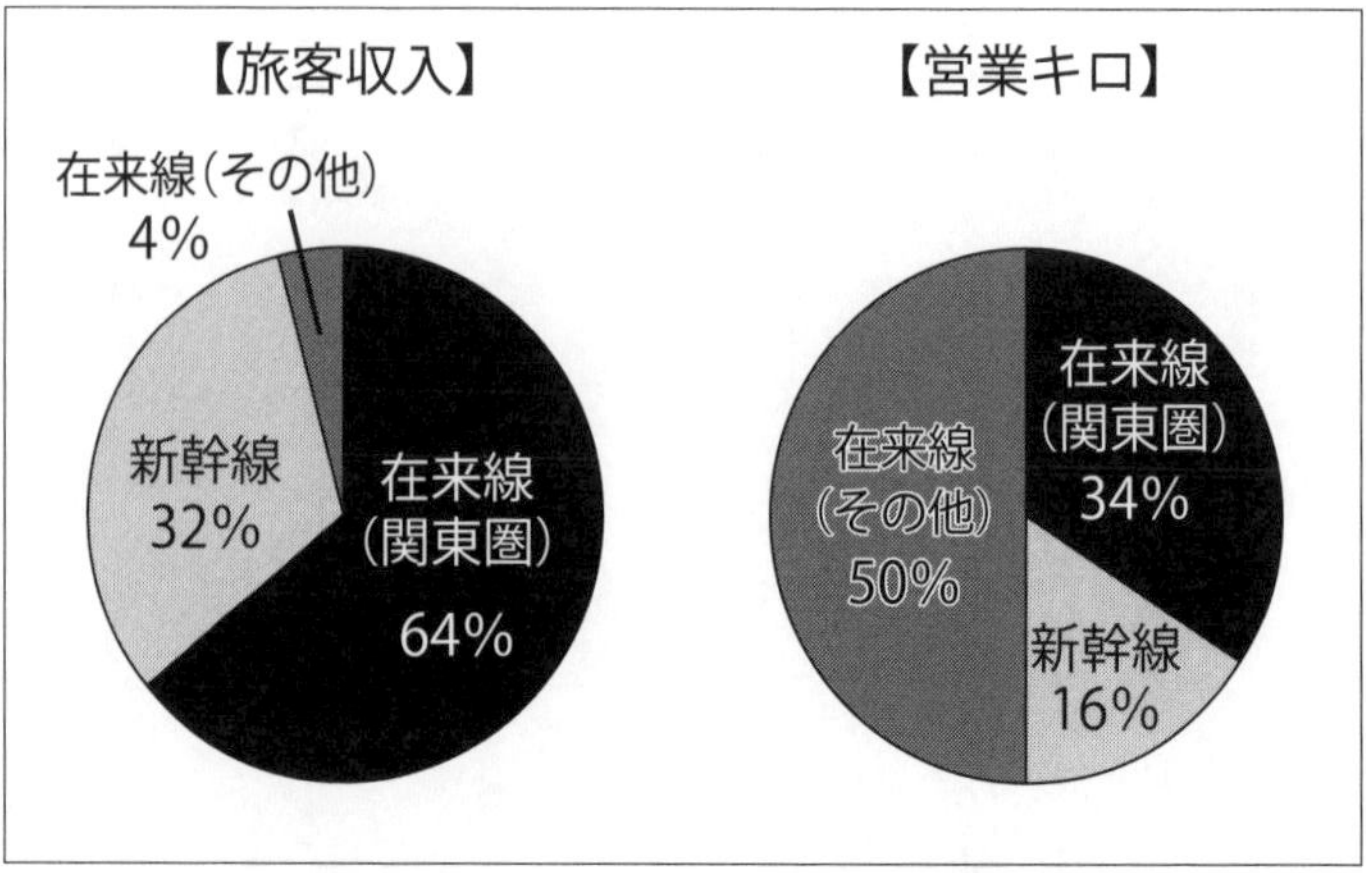

ＪＲ東日本における営業キロに対する旅客収入の割合

も大手私鉄をはるかに上回る数字だが、問題は営業利益である。

ＪＲ北海道とＪＲ四国の鉄道事業は、両社合計で694億円（2018年度）の赤字である。ＪＲ東日本の関東圏以外の在来線では、ＪＲ四国の数字から計算する（営業費用が営業キロによって決まるとみなす）と、およそ1000億円の赤字になる。さらに、ＪＲ東日本の鉄道関連以外の事業は、ほとんどが関東圏なので、新幹線と関東圏を取り上げたら本当に赤字路線しか残らない。

営業キロが長ければ儲かるというわけではない。儲かる路線を持っていることが重要なのだ。

ＪＲ北海道の営業キロは2552キロもあるが、鉄道運輸収入だけを見ると、営業キロが84・7キロの京王電鉄にも及ばない。つまり、JR北海道の1キロ当たりの鉄道運輸収入は、京王電鉄の1／30ということだ。儲かる路線と儲からない路線の差は激しい。

では、どうやったら鉄道事業が成立するのか。

鉄道を運営するコストは、科目別の割合を見ると、会社の規模によらず同様である。まず、大きな特徴としては、施設に関わるコストが非常に大きく、全体の約半分を占める。その中でも、線路、電気関係、車両関係に関わるものが2～3割で、これに減価償却費が加わって約半分になる。残りの4～5割は、列車の運転、駅務などにかかるコストだ。これらのコストを営業収益が上回れば、鉄道事業は成立する。

ローカル線も大手私鉄も、科目別の割合が大きく変わらないのはなぜか。

ローカル線であれば、保有する車両も少ないため、車両に関わるコストが少なく、乗り心地も犠牲にして保線のコストも下げる。さらに非電化路線では電気関係のコストも少ない。投資も極力抑えるため、減価償却費も少ない。総じて、施設にかかるコストは抑えられる。また、ほとんどが無人駅なので駅務に関わるコストも少なく、列車本数が少なくワンマン運転が多いので運転に関わるコストも低い。こうして、科目別の割合は大手私鉄と大きく変わらなくなる。逆に言えば、あらゆる科目でコストを切り詰めているわけだ。

いずれにしても、施設に関わるコストが大きいのが鉄道事業を成立させる難しさだ。バスであれば、道路は国や自治体が税金を使って整備・維持するし、バス停の維持にコストはかからない。赤字ローカル線をバス路線に転換する最大の動機は、施設を維持するコストがほとんどなくなることだ。

赤字路線であっても、鉄道を残したいという要望は地元では根強い。そのような場合、最近では「上下分離方式」を採用する。

揖斐《いび》と桑名《くわな》を結ぶ養老《ようろう》鉄道は、岐阜県と三重県をまたぐ57・5キロの路線で、それなりの規模である。もともとは近鉄の路線だったが、赤字路線で、民間企業の近鉄では維持できなくなった。沿線自治体が法人を立ち上げて、そこに鉄道施設や車両の保有を移したのである。

施設や車両に掛かるコストから解放されているので、鉄道事業のハンディはなくなる。実際、このような仕組みがないと地方の鉄道を維持できない。ただし、養老鉄道の場合、それでも毎年10億円の赤字を出す。その赤字も沿線自治体が補填している。

赤字でも存続する鉄道会社

では、鉄道事業が赤字の事業者はどれくらいの数になるのか?

本題に入る前に、「鉄道事業者」の定義を確認しよう。

養老鉄道の場合、沿線自治体が一般社団法人「養老線管理機構」を設立して、これが鉄道施設などの管理をしている。定義上、これも鉄道事業者に含まれる。ちなみに、先に紹介した上下分離方式において、この「下」の部分を第三種鉄道事業、「上」の部分を第二種鉄道事業と呼び、上下とも担う場合は第一種鉄道事業と呼ぶ。モノレールやケーブルカーを含めた日本の鉄道事業者の数は（路面電車を除く）、第三種鉄道事業者を含めて約210で、含めなければ約190である。

第三種鉄道事業者は規模も小さいので、含めても含めなくても全体では違いはないが、一応、第三種鉄道事業者も含めて考えることにしよう。

もう一つ、鉄道事業を評価する指標を紹介する。

鉄道事業を評価する指標として、「営業係数」が使われる。これは、100円の営業収入を得るのに、どれくらいの営業費用を要するかを示すものだ。100よりも小さければ黒字で、大きければ赤字である。非常にわかりやすい指標だろう。

2016年度の数字で見ると、日本の鉄道事業全体の営業係数は79・7なので、見事に黒字である。人口密度の高い日本では、鉄道が立派に事業として成立する。一方、それぞれの事業者に着目すると、約半数の鉄道事業者が鉄道事業で赤字を出している。容易に想像がつくと思うが、大手私鉄のほとんどが黒字で、地方鉄道の多くが赤字である。JRの場合、JR東海の営業係数が56・9で大幅な黒字で、JR東日本が82・3、JR西日本が87・0、JR九州が84・8と黒字で、JR四国は143・7、JR北海道は164・2と大赤字である。

儲かる鉄道路線がなければ、駅ビルなどの鉄道ビジネスも難しい。では、鉄道事業が赤字の鉄道会社は、どうやって存続しているのか。

まず、別に本業を持っている場合がある。

紀州鉄道は、和歌山県の御坊《ごぼう》市内で2・7キロ走るだけの小さな鉄道で、JR西日本の紀勢本線（きのくに線）の御坊駅に接続している。御坊市には古い町並みがあるが、和歌山県の観光地と言えば高野山などが有名で、御坊市には外国人観光客も訪れない。当然ながら、紀州鉄道の利用者は少なく、2016年度には鉄道事業は5934万円の赤字を出し、営業係数は566・7となった。100円を稼ぐのに567円の費用がかかるわけだ。

そんな紀州鉄道は、会員制リゾートクラブやホテルなどを営む会社でもある。

軽井沢に行けば「紀州鉄道　軽井沢ホテル列車村コテージ」がある。軽井沢のコテージに鉄道が走っているわけではないが、鉄道会社の看板を掲げることで、利用者に安心感を与える意図がある

和歌山県御坊市を走る紀州鉄道

と思われる。会員制リゾートクラブであれば、特に会社の信頼性は重要だ。

紀州鉄道は、2016年度には鉄道事業で約6000万円の赤字を出しているが、この年は脱線事故により1ヶ月ほど運休しており、普段は約3000万円の赤字である。これをブランド料とみなせば、鉄道は維持できるだろう。

会員制リゾートクラブは特殊な例だとしても、鉄道会社という看板が他の事業に役立つ例は多い。

地方に行くと、地元の企業グループの存在感に目を見張ることがある。鉄道で発展し、バスやタクシーにも進出し、流通事業で人々の生活にも食い込む。そのブランド力は地元では大きな力になる。

その一例が、「しずてつ」こと、静岡鉄道である。

静岡鉄道の路線は、新静岡駅から新清水駅までの11・0キロほどだが、バスやタクシーもあり、静鉄ストアを広く展開している。しかも、静岡鉄道本体には不動産事業もあり、マンションや戸建ての分譲まで行っている。2018年度決算では、鉄道事業は1億5264万円の赤字だが、不動産事業が10億8634万円の黒字を出しており、静岡鉄道本体では、不動産事業が営業収益の6割以上を占めて、鉄道などの赤字をカバーする。

「しずてつ」グループ全体で見ると、経営を支えているのは不動産事業、静鉄ストアなどの流通事業、さらには自動車の販売代理店である。その中で、鉄道は看板のような存在で、ブランドの源泉になっている。地元に支えられる企業グループとしては、赤字だからと言って鉄道を簡単に切り離せない。切り離したら、「しずてつ」を名乗り続けることも憚《はばか》られるはずだ。

このように、別事業によって支えられる鉄道は恵まれているが、もっとも典型的な例は、公的な枠組みで存続している鉄道だ。

自治体と民間が出資する鉄道を第三セクター鉄道というが、さらに分類すると、信楽高原鐵道《しがらきこうげんてつどう》のように、旧国鉄の路線でJRに引き継がれなかったローカル線や、肥薩《ひさつ》おれんじ鉄道のように、新幹線の開業とともにJRから切り離された並行在来線、さらには、首都圏新都市鉄道（つくばエクスプレス）のように、新線の建設・運営のために設立されたものがある。

このような公的資本が入っている鉄道事業者が、日本では全体の半数以上を占めている。その中には、首都圏新都市鉄道（つくばエクスプレス）のような黒字路線も多いが、半数以上は赤字の地方ローカル線だ。

新幹線ビジネス

鉄道事業の中でも特殊なのが新幹線である。

新幹線を大きく分類すると、国鉄時代に開業した新幹線（東海道新幹線、山陽新幹線、東北新幹線〈盛岡まで〉、上越新幹線）と、ＪＲになってから開業した新幹線（北陸新幹線、九州新幹線、東北新幹線〈盛岡以北〉、北海道新幹線）に分けられるが、後者については、ＪＲが建設したものではない。公共事業として建設されたものを、ＪＲが設備を借りて運行しているのだ。

ＪＲが支払う貸付料は、新幹線の開業によって発生する受益（30年間）の範囲内と決められている。また、新幹線の開業で大打撃を受ける並行在来線は、ＪＲの経営から切り離すことができる。ＪＲが赤字路線や巨額な債務を背負わされることはなく、損をしない仕組みである。

こういう仕組みになっているのには、それなりの理由がある。新幹線の利用料だけでは建設費が賄いきれないのだ。

例えば、九州新幹線（鹿児島ルート）の建設費は総額1兆5000億円ほどだったが、JR九州への貸付料は総額で3060億円にしかならない。税金を投入する公共事業でなければ建設できないのだ。

最初の新幹線である東海道新幹線は、東海道本線の輸送量が逼迫《ひっぱく》し、輸送能力を確保するため必要に迫られて建設されたが、現在建設されている新幹線（整備新幹線）は、輸送能力の向上ではなく、国土の発展が目的である。それだけに、同じ新幹線でも輸送量はまったく違う。東海道新幹線の輸送量（旅客人キロ）は、九州新幹線の約27倍にもなる。

東海道新幹線のような国鉄時代の新幹線は、現在ではJRの資産である。つまり、JR東海は貸付料を支払わないのだ。膨大な利益は、そのままJR東海に入り込む。

新幹線でも在来線でも、大きな利益を生む鉄道もあれば、民間の事業としては成立せず、公的資金によって開業、運営される鉄道がある。これが日本の鉄道事業の実態である。

第2章

JRが手にしたドル箱と重荷

一番儲かっているJRはどこか？

国鉄から分割されたJRだが、JR北海道やJR四国は明らかに不利な環境にあり、JR東日本、JR東海、JR西日本は有利な環境にある。では、JRの中でもっとも儲かっているのはどこか？

JR東日本は東京圏を独占している。東京都心部はもちろんのこと、千葉方面、常磐、東北、高崎線方面は完全にJR東日本管内である。西に行くとJR東海との境界があるが、中央線は塩尻、東海道線は熱海までがJR東日本管内なので、結局、東京圏はすべてJR東日本管内である。

東京圏の中でも、他の鉄道会社と違って、JR東日本は特別な存在である。

NHKの朝のニュース番組「おはよう日本」にはローカル枠の時間帯があり、そこでは各地の交通情報が流される。首都圏では、鉄道の運行情報になるとJR東日本の担当者が呼びだされて、自社の運行情報だけが伝えられる。その後、スタジオにカメラが戻り、他社線の運行情報をキャスターが伝える。ちなみに大阪では、JR西日本が自社の運行情報を伝えることはなく、スタジオでまとめて鉄道情報を伝えている。

公共放送であるNHKが、特定の民間企業を特別扱いすることは違和感がある。NHKは企業を宣伝しないように、企業名を扱うときには気を遣う。ところが、鉄道の運行情報だけは、NHKのキャスターが「ＪＲ東日本の○○さーん」と呼びかけ、ＪＲ東日本も運行情報を伝えた後に「以上、ＪＲ東日本がお伝えしました」と締めくくり、短い時間に「ＪＲ東日本」という社名が繰り返される。ＪＲ東日本だけを別枠にする必要はなく、キャスターがまとめて伝えればいいはずだ。

いずれにせよ、ＪＲ東日本は東京圏の鉄道旅客輸送量の４割以上を占めており、圧倒的な存在である。東京圏（東京都、神奈川県、埼玉県、千葉県）には、日本の人口の約3割が集中しているので、他のＪＲと比べてもＪＲ東日本は圧倒的に有利だ。

ＪＲ東海は、東海道新幹線を抱えている。東海道新幹線の営業キロは５５２・６キロで、７１３・７キロの東北新幹線にも、６４４・０キロの山陽新幹線にも及ばず、距離で比較すれば3位である。それにも関わらず、輸送量は５４８億人キロ（２０１７年度）で、東北新幹線の３・４倍、山陽新幹線の２・８倍にもなり、圧倒的に密度の高い輸送をしている。

東海道新幹線の輸送効率（座席利用率）は65・5％（２０１８年度）で、普通車でイメージすると、5列シートのうち平均で3列は埋まる計算になる。窓側のA、E列と、3列シート通路側のC列は埋まるわけだが、東京～名古屋は、名古屋～新大阪よりも乗車率が高いため、それ以上になる。

これだけの乗車率で、１日あたりの運転本数の平均は３６５本もあり、「のぞみ」は1時間に最大で10本も運転される。しかも、東京〜新大阪は1万3370円（EX予約の場合）と客単価が高いため、相当な収入になる。まさにドル箱路線だ。

JRのトップ争いは、この2社に絞られる。JR西日本も、関西圏を抱えている上に山陽新幹線や北陸新幹線（一部区間）も運行しているが、関西圏は東京圏に比べるとマーケットが小さく、その割に大手私鉄が多い。また、東京〜山陽新幹線区間は東京〜大阪に比べると需要は少なく、航空機との競争も激しい。山陽新幹線と東海道新幹線では、事業環境がまったく違うのだ。

鉄道事業に絞って比較すると、JR東日本が持つ関東圏と、JR東海の東海道新幹線との争いになる。以下、2018年度の実績で比較しよう。

JR東日本の関東圏は、旅客運輸収入が1兆1900億円で、JR東海の東海道新幹線は、旅客運輸収入が1兆2918億円である。ほぼ互角だが、JR東日本の関東圏よりも東海道新幹線の方が上回る。関東圏は輸送人員が膨大だが、東海道新幹線は輸送距離が長いため、金額面では東海道新幹線が競り勝つのだ。

ただし、JR東日本にも新幹線があり、JR東日本の旅客運輸収入の合計は1兆8567億円になる。JR東海は在来線の寄与が低いため、全体では1兆4520億円にしかならない。合計で比較すると、ＪＲ東日本が勝る。

旅客運輸収入では両社とも競り合っているが、それぞれ発生する費用が異なるため、得られる利益には大きな差が出る。

ＪＲ東日本の営業キロは７４０１キロだが、ＪＲ東海は１９７０キロしかない。ＪＲ東海も、東海道本線（熱海～米原《まいばら》）、飯田線、高山本線（岐阜県内）、紀勢《きせい》本線（新宮まで）、中央本線（塩尻まで）など、かなり長い在来線を持っているが、これらを合計してもＪＲ東日本の関東圏（在来線）にすら及ばない。それだけに、線路保守費や電路保存費はＪＲ東日本がＪＲ東海の2倍以上もかかる。

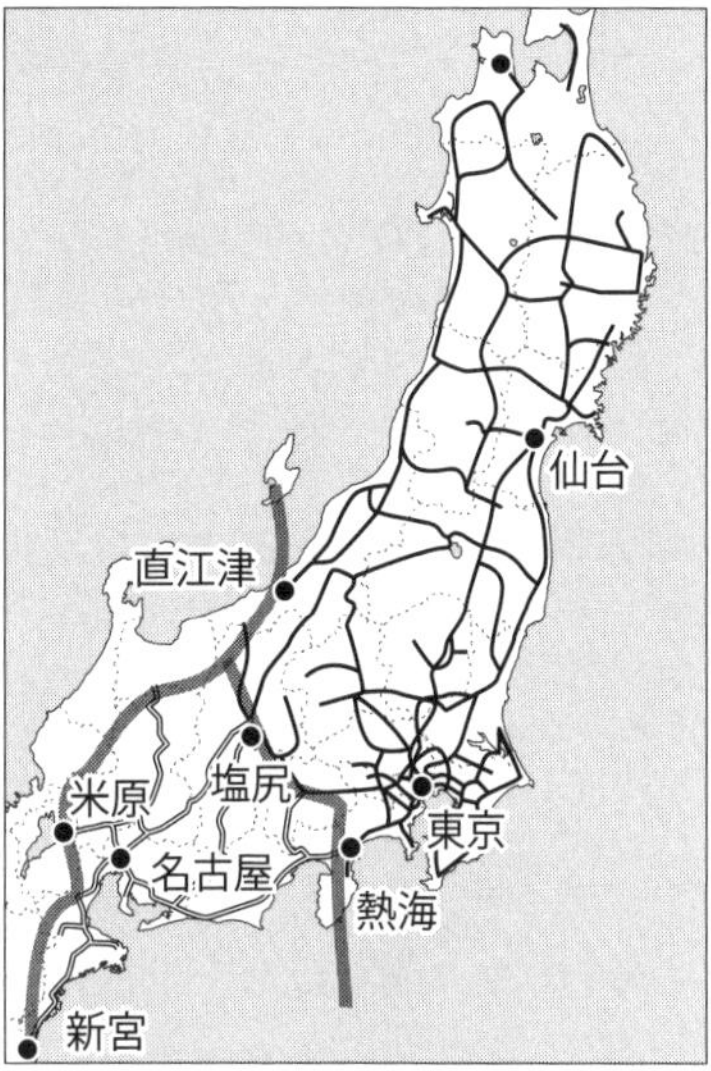

ＪＲ東日本とＪＲ東海の営業エリア

車両数も、２０１８年度末時点でＪＲ東海は４８４８両だが、ＪＲ東日本は１万２９６６両と圧倒的に多い。ただ、コストのかかる新幹線車両で比較すると、ＪＲ東日本が１４１７両、ＪＲ東海が３１８７両でＪＲ東海が圧倒するため、全体の車両保存費では、ＪＲ東日本がＪＲ東海の1・5倍に留まる。

これらを積み上げると、ＪＲ東日本の鉄道

事業の営業費用はＪＲ東海の約2倍になる。バスも含めた運輸業の営業利益で比較すると、ＪＲ東日本は３４１９億円の黒字であるのに対して、ＪＲ東海は６２３０億円の黒字である。ＪＲ東海の優位は明らかだ。

この状況は、鉄道事業だけでなく、全事業で比較しても同様の傾向になる。ＪＲ東日本の営業収益は３兆20億円、ＪＲ東海は1兆８７８１億円なので、圧倒的にＪＲ東日本の方が大きい。これだけ差がつくのは、ＪＲ東日本には東京圏があり、鉄道以外のビジネスが大きいためだ。ＪＲ東海の拠点である名古屋も、東京、大阪に次ぐ日本三大都市の一つだが、やはり東京圏には遠く及ばない。

一方、営業利益で比較すると、ＪＲ東日本が４８４８億円であるのに対して、ＪＲ東海は７０９７億円で逆転する。東海道新幹線の利益率が高く、ＪＲ東日本が関連事業の利益を積み上げても、その差は埋まらない。

莫大な売上を得るＪＲ東日本と、莫大な利益を得るＪＲ東海。この2社が日本の鉄道業界のガリバーである。

ＪＲが取り組む事業の数々

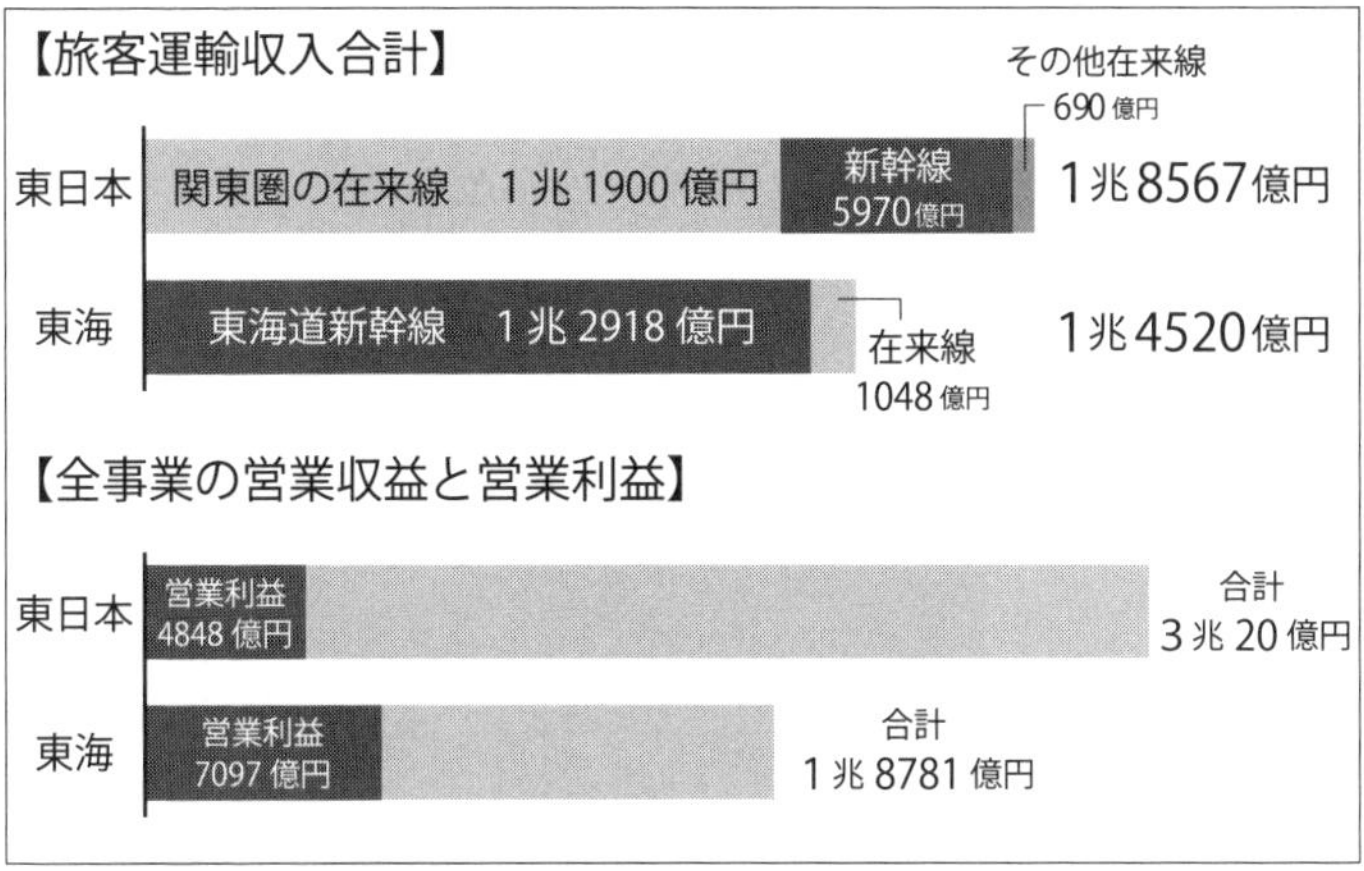

ＪＲ東日本とＪＲ東海の旅客運輸収入合計と全事業の営業収益・営業利益の比較

ＪＲのトップ２社の鉄道事業を比較したが、鉄道以外の事業に注目しないとＪＲ各社の特徴は理解できない。生産年齢人口は減り始めており、鉄道事業のマーケットは縮小する運命にある。成長の余地は、鉄道以外にあるのは明白だ。

では、この30年間、ＪＲはどのような事業に取り組んできたのか？

ＪＲが誕生した１９８７年は、バブル景気の最中である。好景気による後押しもあり、ＪＲ各社の経営は予想以上に順調に推移して、次第に大型開発の期待も膨らんだ。特に、土地の値段が高騰していたので、一等地にある駅ビルには再開発の期待が寄せられた。

最初に実現した大型駅ビルは、ＪＲ西日本の京都駅ビルである。大型の開発だが、バブル崩壊後の１９９７年に完成している。ＪＲ西日本は、伊勢丹との合弁によって百貨店業に参入し、京都駅でジェイアール京都伊勢丹を開業させた。この後、同社の百貨店業は大きな痛手を受けることになるが、ジェイアール京都伊勢丹は不景気の中でも成長した。

この年は、時速300キロ（当時の最速）の「500系のぞみ」がデビューした年でもある。「500系のぞみ」はJR西日本が開発した新幹線で、同社にとっては歴史的な年になった。国鉄は過去のものになり、JRが新時代を切り開いている実感があった頃だ。

500系のぞみ（©Tennen-Gas）

京都駅ビルよりも注目されたのは、名古屋駅の駅ビルにあるJR東海のJRセントラルタワーズだ。バブルの頃に計画されて、バブル崩壊後の1999年に竣工している。バブル崩壊に伴って若干計画は縮小されたが、ホテル棟が地上53階建て、オフィス棟が地上51階建てで、強烈な印象を与える超大型ビルである。

バブルが崩壊したにも関わらず、総事業費は2000億円で、JR東海の本社も入るビルだったこともあり、冷ややかな見方が多かった。しかし、このJRセントラルタワーズの開業から同社の流通業と不動産業は立ち上がる。

JR東海は、ドル箱の東海道新幹線に支えられているため、運輸以外の事業の割合は営業利益ベースだと6％しかない。しかし、JRセントラルタワーズが竣工する前は事実上のゼロだった。

JR東海は、JR西日本と同様、このときに合弁会社によって百貨店業に参入し、JRセントラルタワーズ内にジェイアール名古屋タカシマヤを開業させた。いきなり大型百貨店でのデビューで無謀なようにも思えたが、これは成功だった。名古屋という街は、名古屋駅から離れた栄地区が商業の中心で、ここに百貨店も集まっていた。ところが、ジェイアール名古屋タカシマヤは、名古屋地区で売上高トップに輝いたのだ。

これが契機となって、名古屋での勢力図に大きな変化が起きる。リニアの開業を控えたJR東海は、2017年にはJRゲートタワーも竣工させた。JRセントラルタワーズと接続し、名古屋駅の商業施設を大きく拡張する。名古屋の中心は、明らかに栄から名駅《めいえき》（名古屋駅）にシフトした。

ちなみに、JR東海の名古屋駅の一日の乗車人員は約22万人で、JR東海の中ではトップである。ただ、JR東日本の駅と比較すると、川崎駅と肩を並べるレベルに過ぎない。JR東海でトップの駅が、JR東日本の11位の駅と同レベルなのだ。しかも、名古屋駅を除くと、JR東海で一日の乗車人員が10万人を上回る駅は東京駅だけである。つまり、名古屋で成功できなければ、ＪＲ東海の関連事業は成功しない。ＪＲ東海の名古屋駅での成功は、かなり大きな意味を持つのだ。

このＪＲセントラルタワーズと似た名前のビルが、２００３年に札幌駅にも誕生した。それがＪＲ北海道のＪＲタワーである。

ＪＲタワーの総事業費は７５０億円で、２０００億円のＪＲセントラルタワーズに比べると事業規模は小さい。ただ、地上38階のＪＲタワーは、高いビルが少ない札幌では頭抜けている。しかも、ＪＲ北海道が営業収益１７１０億円（２０１８年度）の企業であることを考えないといけない。ＪＲ東海の営業収益は１兆８７８１億円（同年度）なので、その１／10しかないのだ。

無茶な投資だったとも思えるが、今になってみると、ＪＲ北海道にとってＪＲタワーは非常に大きな存在になっている。

ＪＲタワーと隣接するショッピングセンターの運営も行う札幌駅総合開発株式会社（ＪＲ北海道の子会社）は、34億円の営業利益を上げている。さらに、ＪＲタワーにはＪＲタワーホテル日航札幌も入っており、それを運営するＪＲ北海道ホテルも利益を上げる。

ＪＲ北海道の不動産賃貸業とホテル業を合計すると、２０１８年度の実績で、営業利益が85億円になる。一方、JR北海道の営業利益(損失)は418億円の赤字である。この大きな赤字を穴埋めすることはできないが、JRタワーの成功がなければ、JR北海道の危機はもっと深刻だったはずだ。別の角度から見ると、札幌周辺の鉄道事業と関連事業だけであれば、JR北海道の経営は十分に成り立つのだ(札幌周辺でも鉄道事業は赤字だが、関連事業が穴埋めできる)。

JRは駅ビルで成功してきた。最近でも、JR九州の博多駅や、JR東日本の東京駅などが続いている。一方で、痛い目をみた投資もあった。

JR四国は、JRの旅客鉄道会社の中で一番小さく、営業収益はJR東日本のわずか1・7%しかない。一日の乗車人員がトップの高松駅ですら、わずか1万3000人ほどである。JR北海道の方が鉄道事業の赤字は大きいが、札幌駅だけは一日の乗車人員が9万9000人ほどもある。このように、JR四国には小粒の駅しかなく、大型の駅ビルなど建てられない。鉄道事業は赤字だが、鉄道以外の事業も難しい環境にあるのだ。

そんなJR四国は、バブル崩壊後の1998年に高徳《こうとく》線沿線に「オレンジタウン」という分譲住宅地を整備した。高徳線に「オレンジタウン駅」という新駅までつくり、一部の特急列車まで止めたのだ。

鉄道沿線で分譲住宅を販売するのは鉄道ビジネスの王道である。先駆者である阪急電鉄も、分譲住宅の販売で資金を得て、そこから事業を展開した。鉄道ビジネスに教科書があるとすれば、第一章に書かれるべきビジネスが分譲住宅だろう。国鉄ではやりたくてもやれなかったビジネスだけに、JR四国としても、ぜひとも取り組みたいビジネスだったはずだ。

ところが、この事業は完全に失敗する。オレンジタウンは山中にあり、高徳線沿線とは言っても場所が悪すぎた。この失敗もあって、JR四国では関連事業がほとんど育たなかった。鉄道の赤字がJR北海道ほど深刻でないのが救いだが、一方で、鉄道以外の柱がない。

バブルを彷彿とさせる投資は、他のJRでも散見された。JRによるスキー場と言えばJR東日本のGALA《ガーラ》湯沢が有名だが、JR東海も、チャオ御岳《おんたけ》スノーリゾートを運営する飛騨森林都市企画に50％出資した。JR東日本も、外車（ボルボ）の代理店を持っていた。いずれも、本業との関わりが薄いこともあり、現在では撤退している。

大型駅の駅ビルのように、ポテンシャルが高いビジネスは成功するが、需要を喚起しようとした開発は、不景気の影響もあって思い通りにはいかなかった。その中でもJR九州だけは、不動産販売など、鉄道との関わりが薄い事業を巨大事業に育てたが、これは後述することにしよう。

計算されたJR各社の経営見通し

同じJRでも、本州3社(JR東日本、JR東海、JR西日本)と3島会社(JR北海道、JR四国、JR九州)では、規模や環境が大きく異なる。2018年度で見ると、本州3社の営業収益の合計は6兆4095億円だが、3島会社の合計は6611億円しかない。

事業環境がまったく違うことは、国鉄の分割民営化でも考慮された。

国鉄の長期債務の総額は37・2兆円で、本州3社などにも実質14・5兆円を割り当てた。一方、3島会社には、長期債務を負担させるどころか、経営安定化基金として1・3兆円を与えたのだ。鉄道事業の赤字が避けられないので、経営安定化基金の運用益で穴埋めしようという計算だった。

JR貨物にも、経営の厳しさを考慮した仕組みが作られた。線路は旅客会社に保有させて、JR貨物が支払う線路使用料も最低限にしたのだ。これはアボイダブルコストと言って、「貨物列車が走らなかったら回避できた経費」だけを求めるものだ。つまり、維持費用を一緒に負担するのではなく、設備を傷めた分だけを支払うという仕組みである。

JR各社の経営が成り立つように様々な仕組みが考え出されたが、そもそも未来を予想するの

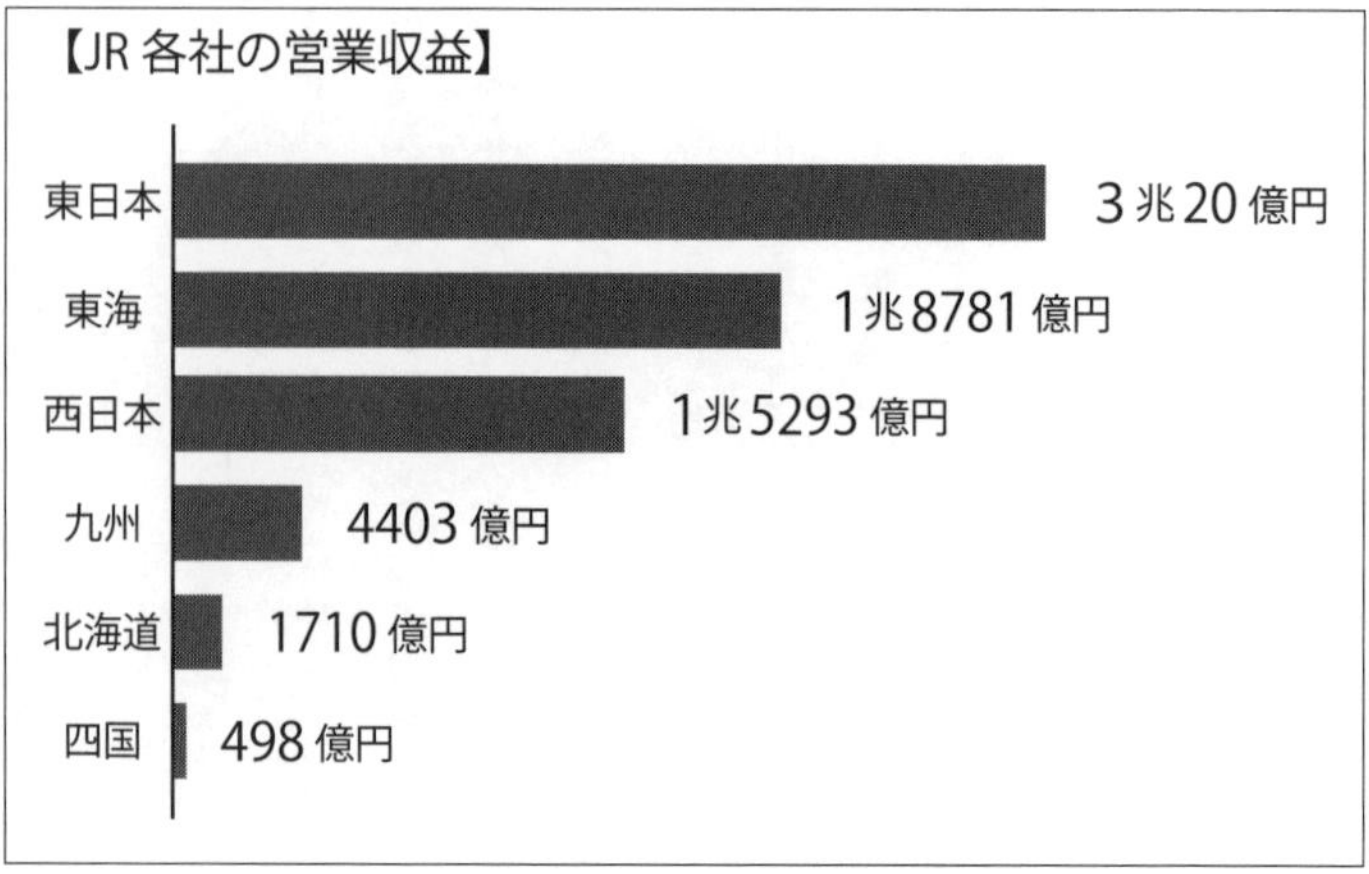

ＪＲ各社の営業収益の比較（2018年度）

は難しく、想定外の事態は避けられない。その一つが、長期金利の極端な低下である。

長い間、国債10年の利回りは５％～10％で推移していたので、経営安定化基金の運用利回りも７・３％に想定された。ところが、バブルが崩壊すると超低金利時代に入り、２０００年以降は２％以下に落ち込む。金利が安くなれば、債務を背負った本州３社にとっては追い風だが、経営安定化基金を渡された３社にとっては大変なことである。結局、経営安定化基金を積み増すなど、追加の措置が講じられた。

ＪＲ貨物に対する仕組みも、新幹線の開業に伴って別の仕組みが必要となった。新幹線が開業すると、並行する在来線はＪＲから切り離されて、自治体などが出資する第三セクターになる。すると、ＪＲ貨物の線路利用料が問題になるのだ。

例えば、旧鹿児島本線の一部である肥薩おれんじ鉄道の場合、九州新幹線が開業したので、当然ながら利用者は大幅に減る。もはや、旅客鉄道としては単線非電化の路線で十分で、実際に同社の車両はコストの安い気動車に置き換えられた。ところが、複線電化を維持しなければ、JR貨物が大いに困ってしまう。

そういう状況で、JR貨物が支払う線路使用料がアボイダブルコストだけであれば、並行在来線が成り立たない。そこで、その差額を補填する仕組み（貨物調整金制度）が導入された。独立行政法人の鉄道・運輸機構が、「貨物調整金」をJR貨物に助成して、JR貨物が適切な線路使用料を支払えるようにした。つまり、線路利用料を肩代わりしたわけだ。

一方で、トラックの運転手不足やJR貨物の経営努力により、同社の鉄道事業は黒字化が見えてきた。鉄道事業の黒字化が実現したとき、貨物調整金の仕組みが残されるのは理解されにくいだろう。しかし、経営状況を見てルールを変更したら、JR貨物のモチベーションは失われてしまう。

同じように、JR北海道の問題にも「変えられないルール」が存在する。

国鉄の分割民営化で、JR北海道とJR東日本は別会社になった。2018年度は、JR北海道の営業利益は418億円の大赤字だが、JR東日本の営業利益が4848億円の黒字であることを考えると、赤字はそれほど大きくないようにも思えてしまう。しかし、すでにJR東日本は上場しており、両社を合併させるわけにはいかない。

いずれにしても、国鉄の分割民営化の根本を揺るがす議論は、どのような話であってもＪＲ東日本などは応じられない。ＪＲ北海道も、どれほど経営が苦しくても、ＪＲ東日本との合併など口にはできない。ＪＲ東日本は、人材の交流や販促などでＪＲ北海道に協力しているが、資本関係の協力だけはしない。ＪＲ東日本は、ありえない話とは言え、ＪＲ北海道との合併論が盛り上がらないように釘を刺す発言をしている。

ＪＲ東日本という会社は、既述の通り、関東圏と新幹線によって地方ローカル線を支える構図である。ある意味、これが国鉄の分割民営化で決まったＪＲ東日本の枠組みともいえる。もしも、ＪＲ東日本に北海道を加えていれば、北海道の鉄路の問題は変わってきたはずだ。一面的に見れば、関東圏と新幹線がより広い範囲を支える構図になっただろう。しかし、それだけではない。ＪＲ北海道は観光資源に恵まれているが、豪華な観光列車を投入する余力がない。仮に、ＪＲ東日本と別会社でなければ、この観光資源はもっと活かせたはずだ。

しかし、後の祭りである。これ以上は意味のない議論だ。

結局、当時は最適だと思われた仕組みも、時代とともに制度疲労を起こす。追加措置は行っても、骨格だけは変えられない。ＪＲとは、良くも悪くも、国鉄の分割民営化を背負い続ける企業である。

新幹線ビジネスの実態

他にも、ＪＲの特殊性の一つとして、新幹線を運行していることが挙げられる。ＪＲ誕生後、新幹線は公共事業として建設されているが、営業主体に異論が出ることはない。私鉄に担わせるという発想はなく、そのエリアを担当するＪＲに自動的に決まる。

そんな新幹線は、ＪＲ各社の鉄道事業の屋台骨になっている。ＪＲ東海は「東海道新幹線会社」と言われるぐらいで、鉄道運輸収入の92％を東海道新幹線が占めている。他のＪＲでも、ＪＲ西日本では52％、ＪＲ東日本では32％、ＪＲ九州では36％を占める。つまり、ＪＲ九州の鉄道事業の1／3以上は、ＪＲ後の公共事業で生み出されたということになるのだ。

新幹線の開業により、ＪＲの事業内容はガラリと変わる。ＪＲ北海道ですら、北海道新幹線の部分開業（新青森～函館北斗）で、新幹線が鉄道運輸収入の11％を占めるようになった。

そんな新幹線だが、将来に不安がないわけではない。

上越新幹線は、新潟県に計り知れない果実をもたらしてきた。冬の気候が厳しい日本海側は、太平洋側に比べて発展が遅れ、裏日本などと呼ばれた。新潟県では、関東との境に三国峠《みくにとうげ》が立ちはだ

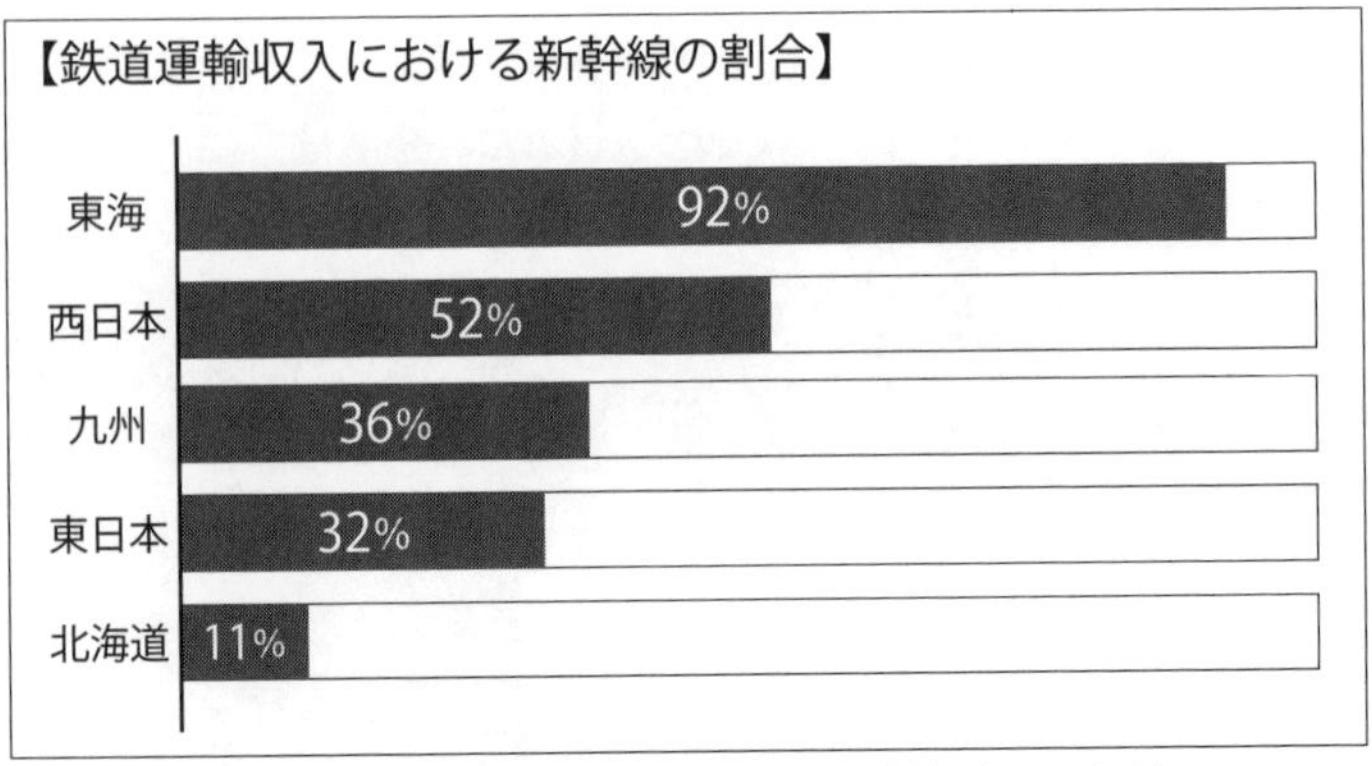

ＪＲ５社の鉄道運輸収入における新幹線の割合（2018年度）

かり、東京は遠い存在だった。

その三国峠にトンネルが掘られて、上越新幹線は開通した。これにより、東京駅と新潟駅は2時間ほどで結ばれた。しかも、路線はコンクリート路盤のスラブ軌道で、融雪用のスプリンクラーを完備し、豪雪でも運行できる贅沢な新幹線である。

しかし、新幹線を取り巻く環境は、時代とともに変化している。

北陸新幹線が富山、金沢に延伸されたことで、上越新幹線は北陸へのルートから外れた。しかし、それよりも根本的な問題がある。新潟県の人口は１９９７年をピークに減少を続けており、新潟市の人口も２０１０年に減少に転じた。今のところ、上越新幹線の輸送量は増え続けているが、これは好景気の影響であり、長期的には減少が必至である。

人口減少に直面しているのは新潟だけではない。地方では、進学や就職で地元を離れる人が多く、少子化どころか、そもそも子供を産む世代が流出している。新幹線も、何も対策をしなければ利用者は減ってしまう。

新幹線には、それぞれの特徴に応じた対策が必要である。

東海道新幹線では定期が占める割合が1・4％、JR西日本（山陽新幹線と北陸新幹線の一部を担う）も2・5％にすぎないが、JR東日本では4・1％、JR九州では5・0％である。東海道・山陽新幹線の場合、通勤・通学客が少ないというよりも、出張族が圧倒的に多い。一方、JR東日本やJR九州は、出張族だけに頼るわけにはいかず、通勤・通学客を大切にしなければならない。

JRが誕生した頃には、バブル景気によって土地の値段が高騰して、新幹線通勤が一般的になった。それに対応するべく、JR東日本は2階建て新幹線（E1系）を投入した。会社発足当初ということもあり無理な投資はできなかったが、列車を増発させることなく輸送量を増やしたのだ。これにより、通勤・通学客が着席できない事態は改善された。

新幹線通勤・通学は東京だけの話ではない。九州新幹線では、博多～熊本、鹿児島中央～川内《せんだい》、鹿児島中央～出水《いずみ》で定期利用が多い。九州新幹線は、博多～熊本を最速33分で結び、九州を代表する都市の距離感を劇的に変えた。これにより、新たな需要を掘り起こしたのだ。

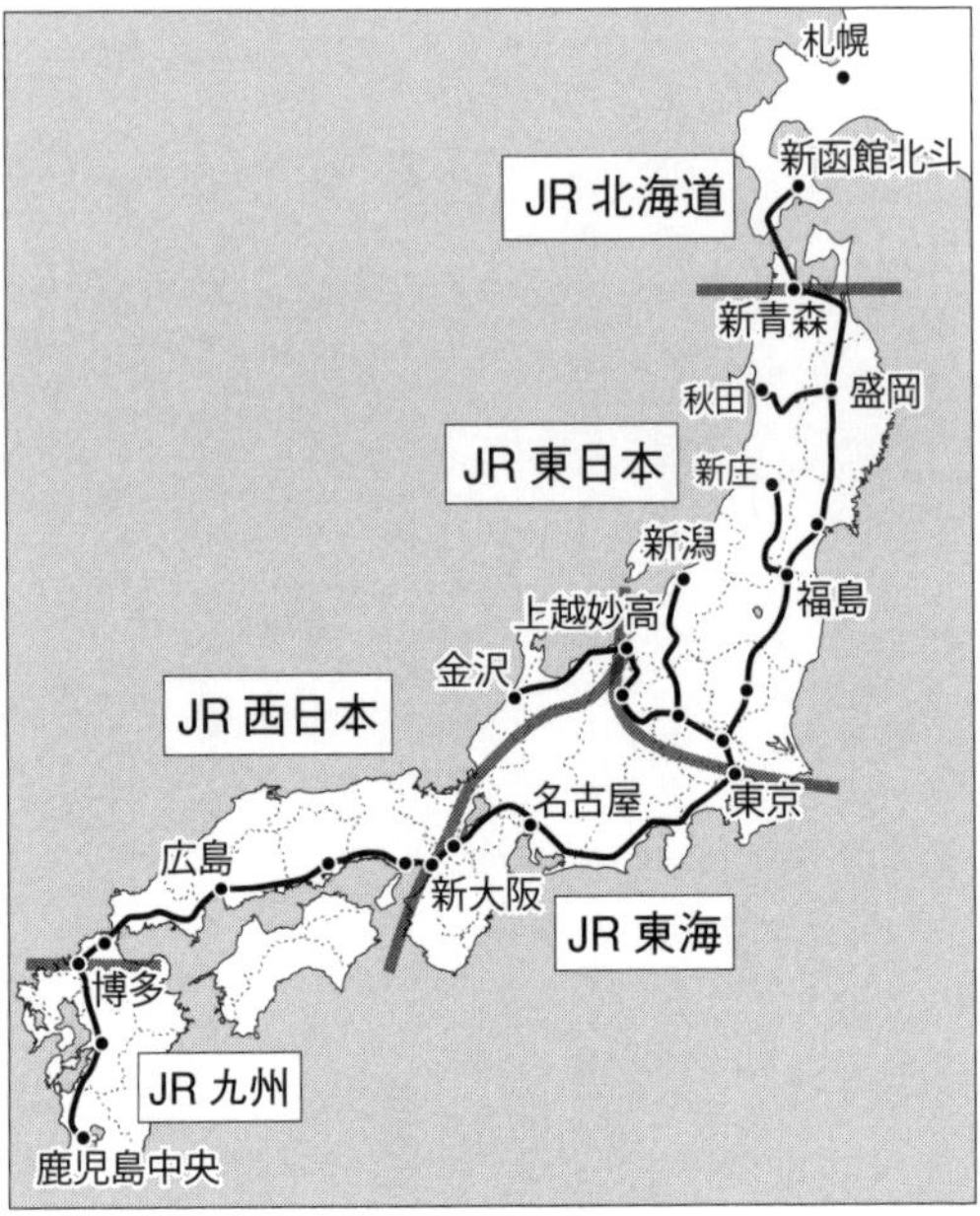

新幹線の路線図

２０１６年度は、九州新幹線も熊本地震の影響で15億円（約３％）の減収に陥ったが、定期利用だけを見ると横ばいだった。着実に増え続ける通勤・通学客は、災害の年にも底堅さを見せた形だ。

また、これからは地方移住も重要なファクターになる。

薩摩川内市などでは、定住支援として、新幹線通勤に補助金を出している。川内駅の東口では区画整理が行われて、駅前にはマンションが建った。自治体は、新幹線を呼び水にして移住者を増やし、ＪＲは、移住者の通勤・通学によって新幹線利用者を増やしている。

北陸新幹線の沿線では、軽井沢で移住者が著しく増えており、それがＪＲ東日本の数字にも表れてきた。軽井沢駅から新幹線を利用した人が６年間（２０１２年〜２０１８年）で４割近くも増加したのだ。新幹線を利用すれば、軽井沢から東京までは1時間ほどで、定年退職を待たなくても、軽井沢から東京へ通勤できる。東京の人にしてみたら、いつでも軽井沢に移住できるわけだ。

衰退する地方と運命をともにするか、新たな需要によって生き残るか、新幹線の格差も、これから目立ってくるだろう。

第3章
JR各社の儲けのカラクリ

JR東日本

巨額の国鉄債務を上回るほどの莫大な資産を手にした長男坊

基礎情報（2019年3月期）

▼営業収益――3兆20億円　▼営業利益――4848億円

▼売上高営業利益率――16.1％　▼社員数（本体）――4万6019人

▼営業キロ――7401.7キロ（うち新幹線1194.2キロ）

▼主な路線―― 東北、上越、北陸（上越妙高まで）新幹線
東北本線、常磐線、中央本線（塩尻まで）、上越線、奥羽本線、
羽越本線、東海道本線（熱海まで）、山手線、総武線、
横須賀線、京葉線、武蔵野線

▼主な子会社―― ジェイアールバス関東、東京モノレール、総合車両製作所、
ＪＲ東日本リテールネット、日本レストランエンタプライズ、
ルミネ、アトレ、日本ホテル、びゅうトラベルサービス、
紀ノ國屋、ジェイアール東日本物流、ＪＲ東日本情報システム、
ビューカード

▼主な関連会社――UQコミュニケーションズ、ジェイティービー（JTB）、
セントラル警備保障

圧倒的輸送力を誇る
JR東日本の山手線
（©ぬべすこん）

北海道を除いた東日本（関東、甲信越、東北）を営業エリアとして、熱海《あたみ》、塩尻、上越妙高《じょうえつみょうこう》（北陸新幹線）、直江津などを境界として、ＪＲ東海やＪＲ西日本と接している。営業キロ、輸送人キロなど、どれをとっても日本一の鉄道会社である。収益構造を見ると、鉄道運輸収入が２／３ともっとも大きく、その中でも、関東圏と新幹線（東北、上越、北陸〈上越妙高まで〉）が96％を占めており、稼げる路線とローカル線の格差が激しい。

ＪＲ発足当初は、大型投資を抑えて、長期債務の削減を優先する手堅さが目立った。百貨店業への参入は行わず、駅ビルなどの大型開発や、新幹線の高速化も急がず、常磐新線（つくばエクスプレス）からは撤退した。また、リゾート開発なども本格化させず、住宅開発も限定的だった。地方の開発は大きな成果を上げなかったが、そこには深入りせず、東京圏という圧倒的な事業環境の良さを活かして、駅ナカや駅ビルに注力した。

一方、２０１７（平成29）年までの警察白書では、「革マル派が相当浸透しているとみられる全日本鉄道労働組合総連合会（ＪＲ総連）及び東日本旅客鉄道労働組合（ＪＲ東労組）は……」と、同社の巨大労組の動向を注視していた。しかし、２０１８年に組合員の大量脱退があり、平成30年の警察白書では言及されなくなった。いずれにしても、ＪＲ東日本の本体だけで社員は４万６０００人もおり、労務管理の比重は高い。

2020年には高輪《たかなわ》ゲートウェイ駅を暫定開業させるとともに、初めて本格的な街づくりに挑む。

駅ナカビジネスはJR東日本だから成功する

一昔前に比べると、上野駅、東京駅、品川駅などは様変わりした。駅のコンコースは、かつては大勢の人が足早に行き交うだけだったが、今ではデパ地下のように食べ物の匂いが漂う。ヨーロッパの駅でも飲食店があるところは多いが、駅ナカは日本的な感じがする。狭い空間に小さなブースや店を詰め込み、強い照明で浮き立たせて、デパ地下と言うべきか、テーマパークのショップ街と言うべきか、小さくて賑やかな空間を演出している。

1987年に誕生したJR東日本は、1990年に「GALA湯沢スキー場」をオープンさせて、1995年には駅レンタカーで価格破壊を起こし、同じ年に「フォルクローロ遠野」などの長期滞在型ホテルを次々と開業させた。これらは、地方で余暇を過ごさせる施策である。この期間は、「国鉄改革3人組」と言われた松田昌士《まさたけ》氏が社長を務めている。

しかし、2000年に大塚陸毅《むつたけ》氏が社長に就任すると方向性が大きく修正される。同年に発表された中期経営構想では、「信頼される生活サービス創造グループ」を目標として、余暇よりも日常に照準を変えた。この新しい中期経営計画の裏では、八幡平リゾートスキー場から撤退している。

ＪＲ東日本は、言うまでもなく首都圏の鉄道事業を柱としている。そこから事業を広げようと、２００２年に上野駅にショッピングゾーン（アトレ上野）を開業させて、そこから駅ナカビジネスへと展開した。

駅ナカは、ＪＲ東日本だからこそ大規模化できるビジネスである。１日の乗車人員（乗る人の数なので乗降人員はこの2倍）が20万人を超えるのは、ＪＲ西日本では大阪駅（44万人）、ＪＲ東海では名古屋駅（22万人）だけで、その他のＪＲには存在すらしない。一方のＪＲ東日本は、新宿駅（79万人）、池袋駅（57万人）、東京駅（47万人）、横浜駅（42万人）、品川駅（38万人）、渋谷駅（37万人）、新橋駅（28万人）、大宮駅（26万人）、秋葉原駅（25万人）、北千住駅（22万人）、川崎駅（21万人）、高田馬場駅（21万人）と12駅もあるのだ。

駅ナカにはショッピングスペースを設けて、改札の外では駅ビルで集客する。ＪＲ東日本の利用客は1日に１７００万人を超えるので、これを取り込めば失敗することはない。地方に投資して旅行を促すよりも、首都圏の駅を利用する方が、低リスクで大きな利益が得られる。

ＪＲ東日本の「駅スペース活用事業」は、２０１６年度には３２９億円の営業利益を上げるが、ホテル事業は、早くから「フォルクローロ」などを展開したものの、２０１８年度の営業利益は

43億円でしかない。暴利を得られる方に注力するのがビジネスである。

暴利を得られる首都圏の鉄道

首都圏の在来線では車内広告の売上も高い。

JR東日本の首都圏では、シングルサイズ（半分のサイズ）の中吊り広告が7日間の掲載期間で800万円にもなる。ローカル線だと広告枠が埋まらないことも多いが、JR東日本の首都圏は、これだけ高くても広告が埋まる。しかも、車内の広告枠は、中吊り、窓の上（網棚の上）、ドアの上、ドアの横、ドアや窓に貼るステッカー、つり革と、至るところにある。

広告は車内ばかりではない。地方の駅だと、掲示板に旅行商品などのポスターが貼られるぐらいだが、1日に数十万人が利用する首都圏の駅では、駅構内の柱、階段・エスカレータの横、通路、ホームドア、さらには、自動改札やエスカレータの手すりのような狭いところにまで、様々な広告が貼られている。ちなみに、JR東日本の広告代理店であるジェイアール東日本企画は、広告業界でも上位5位に入り、売上高は1190億円にもなる。これだけでJR四国グループの営業収益の倍以上になる。

利用者が多ければ、駅ナカビジネスもできるし、広告でも儲かるのだ。

2・2兆円の資産が生んだ高輪ゲートウェイ駅

JR東日本が国鉄から引き継いだ資産は、1日に数十万人が利用する駅ばかりではない。広大な土地も引き継いだ。その一つが田町にある車両基地である。JR東日本は、この土地を利用して、2020年に高輪ゲートウェイ駅を開業させて、街づくりを進めている。

この土地の時価は、JR東海の葛西敬之《かさいよしゆき》会長（当時）が執筆した『国鉄改革の真実』（中央公論新社）によると2・2兆円（JRが誕生した1987年の時価）になるという。

葛西氏は不満を持っていた。JR東海は、首都圏では最小限の土地しか承継しておらず、東海道新幹線の品川駅開業では苦労した（後述）。一方のJR東日本は、東京の真ん中に広大な土地を承継している。JR東海とJR東日本の間では禍根が残り、その不満は社内外に漏れた。この様子を、世間は冷ややかな目で見たのだ。

一方で、国鉄が残した負債は莫大で、その一部をJR各社も承継したが、その多くは国鉄清算事業団が承継した。売却可能な国鉄用地も国鉄清算事業団が引き継ぎ、土地の売却で債務を圧縮させ

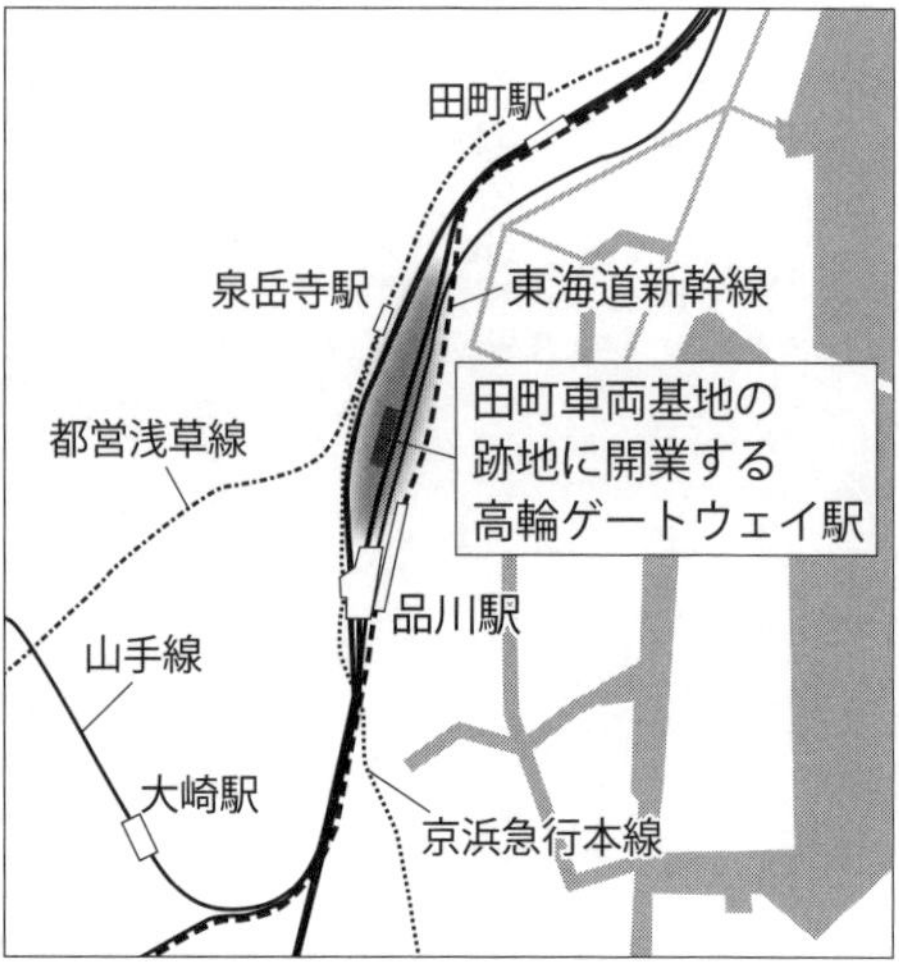

田町の車両基地（ぼかしの位置）の土地を利用した高輪ゲートウェイ駅が開業予定

る計画だった。しかし、多額な国鉄債務が残り、１９９８年度末には一般会計に承継された。言い換えれば、国鉄の失敗のツケを国民が負担することになったのだ。ちなみに、２０１７年度末時点で国鉄債務は17兆２１８７億円にもなる。我々は、いまだに国鉄債務を処理できずにいる。

田町の車両基地は鉄道用地として必須だったため、国鉄清算事業団ではなく、ＪＲ東日本が承継した。ところが、２０１５年に東京上野ラインが開業すると、東海道線が北に抜けられるようになり、田町の車両基地は大幅に縮小されることになった。

上野東京ラインが国鉄時代に開業していれば、この土地は国鉄債務の返済のために売却されただろう。つまり、国民の資産として活用されたはずだ。しかし、この土地はすでにＪＲ東日本のものである。ＪＲ東日本が高輪ゲートウェイの開発を誇るのは勝手だが、その土地の由来を忘れてもらっては困る。

巨大な発電所を引き継いだという事実

JR東日本は、国鉄から大型発電所も継承している。川崎にある火力発電所と、3つの水力発電所からなる信濃川発電所だ。大型発電所を所有している鉄道会社はJR東日本だけである。最近では風力発電や太陽光発電にも取り組んでいるが、まったく規模が違う。自営の火力発電所と水力発電所だけで、自社で使用する電力の約6割を賄っているのだ。

信濃川発電所内にある小千谷発電所（左）と新小千谷発電所（右）

信濃川発電所の最大出力は44万9000kWhで、黒部ダムの黒部川第四発電所（クロヨン）を上回る。JR東日本の水力発電は規模が大きく、最大出力ランキングでは全国21位となる。電力会社には及ばないものの、新日鐵住金やJFEスチールなどの鉄鋼メーカーと肩を並べる。

これだけの規模なので、国鉄では「発電屋」が無視できない勢力だった。実際、第7代国鉄総裁の藤井松太郎《まつたろう》は発電屋で、信濃川発電所にいた人物だ。この人事は田中角栄総理大臣（当時）の要請によるもので、技術畑出身の国鉄総裁は、初代国鉄総裁の下山定則《しもやまさだのり》以来だった。

その信濃川発電所で、ＪＲ東日本は長年にわたって不正を行ってきた。信濃川からの取水が許可量以上になった場合でも、表示される数量は許可量を超えないようにプログラムしていた。つまり、データを改ざんして、許可量以上の取水を行い、必要な放流を行わなかったのだ。

鉄道車両メーカーを兼ねるようになった経緯

もともと国鉄・ＪＲでは、鉄道車両をメンテナンスする工場はあっても、鉄道車両の新造はしていなかった。日立製作所、川崎重工業、日本車輌製造など、日本には鉄道車両メーカーが複数ある。国鉄が鉄道車両を内製すると、民業圧迫になるという事情もあった。逆に言えば、国鉄が鉄道車両を調達することで、鉄道車両メーカーは存続できたのだ。

国鉄の分割民営化により、ＪＲは民業圧迫の制約から解放される。その権利を行使するように、１９９４年からＪＲ東日本は鉄道車両の新造を開始した。

しかし、鉄道車両の製造に参入するにしても、JR東日本にはノウハウがなかった。そこで、鉄道車両メーカーである東急車輛製造に協力を求めたのである。東急車輛製造は、東急電鉄だけでなく、国鉄にも鉄道車両を供給していた。

JR東日本が鉄道車両の製造に進出すれば、鉄道車両メーカーはマーケットを奪われる。鉄道車両メーカーとしては反発すべきところだが、一方で、JR東日本は東急車輛製造の最大顧客だ。

このJR東日本の振る舞いは、あまりにも傍若無人のように見える。最大顧客という立場を利用して、メーカーに車両製造のノウハウを求めたのだ。

JR東日本としては、国鉄時代よりも新車導入を増やす計画で、鉄道車両メーカーからの調達は減らさず、共存共栄するつもりという論理だった。しかし、これが鉄道車両メーカー業界を一変させる。

JR東日本にも事情はある。自社の余剰人員を活用するために、新たな事業を必要としていたのだ。また、車両の電子化が進んだことで、鉄道車両がブラックボックスになり始めていた。メーカーに対しては強い立場でも、技術面ではメーカーの言い分を検証できなくなる。電子機器の製造は無理だとしても、鉄道車両製造のノウハウを得なければ、JRの技術力は希薄になってしまう。

結局、東急車輛製造はJR東日本の申し出を受けた。断ったとしても、JR東日本の鉄道車両の内製化は進む可能性があった。それよりは、ＪＲ東日本と特別な関係を築く方が得策だったのだろう。こうして、ＪＲ東日本の新津車両製作所は誕生した。

その後、ＪＲ東日本は新津車両製作所の生産能力を高めて、他の鉄道会社にも外販するようになった。他の鉄道会社にとっては、ＪＲ東日本と共通仕様の車両を導入することで、コストダウンを実現できた。こうして、ＪＲ東日本は完全なる鉄道車両メーカーになってしまった。

２０１２年、ＪＲ東日本は東急車輛製造の鉄道車両事業を買収した。これにより、新津車両製作所と合流させて、１００％子会社の総合車両製作所を設立させたのである。この買収は、東急車輛製造の経営不振が引き金だったが、新津車両製作所の設立の経緯を考えれば、自然な結末だった。これと並行するように、ＪＲ東海も日本車輛製造を連結子会社にした。日本車輛製造の経営も厳しく、両社の利害が一致したのだ。

結局、ＪＲと鉄道車両メーカーの関係は変わらざるを得なかった。

JR東海

圧倒的なドル箱を手にした「東海道新幹線会社」

基礎情報（2019年3月期）

▼営業収益――1兆8781億円　▼営業利益――7098億円

▼売上高営業利益率――37.8%　▼社員数（本体）――1万8148人

▼営業キロ――1970.8キロ（うち新幹線552.6キロ）

▼主な路線―― 東海道新幹線、東海道本線（熱海～米原）、御殿場線、身延線、飯田線、武豊線、高山本線（猪谷～岐阜）、中央本線（塩尻～名古屋）、太多線、名松線、参宮線、関西本線（名古屋～亀山）、紀勢本線（亀山～新宮）

▼主な子会社―― ジェイアール東海バス、東海交通事業、ジェイアール東海髙島屋、ジェイアール東海パッセンジャーズ、東海キヨスク、ジェイアール東海商事、ジェイアールセントラルビル、ジェイアール東海不動産、日本車輌製造、新横浜ステーション開発、豊橋ステーションビル、東京ステーション開発、名古屋ステーション開発、ジェイアール東海ホテルズ、ジェイアール東海ツアーズ、ジェイアール東海エージェンシー

JR東海の主戦力
東海道新幹線「のぞみ」
（©/PIXTA）

ＪＲ東海は、鉄道事業が営業利益の96％以上を占めており、内訳は公表されていないが利益のほとんどは東海道新幹線によるものだ。

一方で、在来線が営業キロの７割以上を占めており、その中でも、東海道本線（熱海〜米原）３６０・１キロ、中央本線（塩尻〜名古屋）１７４・８キロと、在来線でも日本の大動脈を担っている。しかし、東海道本線も、中央本線も、東京圏はＪＲ東日本の管轄なので、輸送密度の薄い区間を担当している。その他、飯田線、高山本線、紀勢本線と、かなり長い路線がある。

関連事業は、名古屋駅（名駅）にあるＪＲセントラルタワーズ、ＪＲゲートタワーが主力である。ＪＲセントラルタワーズ内でジェイアール名古屋タカシマヤを運営しており、新参ながら老舗の百貨店を凌ぐ。ただし、名古屋駅以外に大規模な駅がなく、これ以上の展開がないのが難点だ。日本車輛製造を買収しており、ＪＲ東日本と同様に、グループ内に鉄道車両メーカーを持っている。

国鉄時代から研究が続けられた超電導リニアは、ＪＲ東海によって実用化される。２０１４年に工事着手し、２０２７年には品川〜名古屋で開業して、最終的には大阪まで延伸する。概算費用は車両費を含めて９兆円を見込んでいる。

暴利を得られる東海道新幹線

ＪＲ東日本の営業利益率は16％ほどだが、ＪＲ東海の営業利益率は37％を超える。これは連結決算の数字で、単体では43％を超える。これほど儲かっている鉄道会社は他にはない。

利益のほとんどは東海道新幹線が生んでいるが、営業キロの7割以上が在来線で、コスト面では在来線の比率が高い。それだけ東海道新幹線の利益率は圧倒的である。現在、東海道新幹線の利益率は公表されていないが、国鉄改革の資料によれば、当時、東海道新幹線の営業利益は約４５００億円で、利益率は7割と予測された。異常とも言える高い利益率で、しかも距離が長いため金額も膨大である。経営破綻する国鉄の中でも、東海道新幹線は「ドル箱」路線だった。

国鉄は、最終的には37・1兆円の長期債務を抱えて破綻したが、その一部の5・9兆円はＪＲ本州3社などに承継された。経営が成り立つ範囲で債務を負担させたのだ。

さぞかしＪＲ東海も巨額な債務を背負ったと思われるだろうが、実際は３１９１億円しか承継していない。それに比べて、ＪＲ東日本は３兆３０００億円と10倍以上の債務を継承しており、事実上、ＪＲ東海が承継した債務はゼロである。

ただし、これにはカラクリがある。

国鉄の鉄道資産は、言うまでもないがＪＲ各社に承継されている。ところが、新幹線だけは、新設の「新幹線保有機構」が承継し、ＪＲはリース料を払うことになった。新幹線保有機構は５・７兆円の新幹線債務も承継しており、リース料で返済する仕組みである。

新幹線債務の内訳は、東海道新幹線が５０００億円で、東北・上越新幹線が４・５兆円なので、全体の約８割をＪＲ東日本の新幹線が占めた。東北・上越新幹線が多いのは、開業が遅かったためでもあるが、それだけが理由ではない。

東海道新幹線は、最初の新幹線なので予算確保が難しく、建設費が抑制された。一方、東海道新幹線の成功もあり、東北・上越新幹線は贅沢な仕様になった。今でも、東海道新幹線は雪に弱いが、東北・上越新幹線では豪雪が降ってもダイヤは乱れない。東海道新幹線が盛り土にバラスト軌道という従来型の路線であるのに対して、東北・上越新幹線は高架橋にスラブ軌道という豪華な路線で、融雪設備も完備されている。路線環境が違うため設備に差があるのは仕方がないが、それを踏まえても東北・上越新幹線は贅沢である。

一方で、新幹線保有機構のリース料は、債務残高に比例するのではなく、新幹線の利用度合いによって決められた。つまり、東海道新幹線のリース料を高く設定したのだ。

バラスト軌道（上）とスラブ軌道（下）（ともに©Tennen-Gas）

長期にわたって高額なリース料を払い続けるということは、実質、債務を背負ったのと同じである。ＪＲ東海は、国鉄の長期債務はほとんど承継しなかったが、新幹線のリース料という形で国鉄債務を背負ったのだ。

しかし、この仕組みは長続きしない。

新幹線保有機構が設立された目的は、ＪＲ本州３社の利益調整である。巧みに考え出された仕組みだが、策士が策に溺れたようなものだった。リース料の変更によって利益が操作される可能性があり、国がＪＲの胸元に手を突っ込んだような形である。ＪＲを民間企業として切り離せない未練を感じる。

ＪＲ東海は、民営化後も新幹線保有機構を容認するつもりはなかった。新幹線だけが別枠になり、東海道新幹線の利益が東北・上越新幹線のために使われるような形で、許しがたい存在だったのだ。

一方のJR東日本は、すでに決まったことを蒸し返されては、国鉄改革の趣旨に反すると警戒する。国鉄は、政治の介入によって経営の自主権が失われて、無責任経営となって破綻した。自主自律は国鉄改革の原点であり、横槍を入れるJR東海の姿勢には大いに疑問を持ったのだ。

しかし、JR東海、特に取締役名誉会長（現）の葛西氏にすれば、まったく別の解釈がある。

JR東海の歴代社長、葛西氏、松本正之《まさゆき》氏、山田佳臣《よしおみ》氏などは、国鉄末期に職員局に所属していた。職員局は、労働組合対策や職員の処遇に従事する部署で、国鉄の資産分割には携わっていない。結局、これが諸問題の根源になる。

国鉄の資産分割を決めたのは、政府が発足させた国鉄再建監理委員会と、国鉄側の窓口である経営企画室などだ。国鉄再建監理委員会のメンバーの一人である住田正二《すみたしょうじ》氏は、JR東日本の初代社長となり、国鉄の経営企画室の審議役で、「国鉄改革3人組」の一人である松田昌士氏はJR東日本の2代目の社長になる。つまり、国鉄の資産分割を担った中心人物たちがJR東日本の幹部となり、JR東海を担ったのは、国鉄の資産分割とは関係ない職員局メンバーだった。

葛西氏に言わせると、国鉄の分割民営化には、隠された意図があったと言う。「最強の収益源である首都圏の国鉄路線を引き継ぐJR東日本に経営資源を極力集中して国鉄本社的な機能を持つ

『ハブ会社』」（葛西敬之『飛躍への挑戦』ワック）にする構想があったと主張するのだ。「新幹線保有機構」も、ＪＲ東海からＪＲ東日本に内部補助をする仕組みである。ＪＲ東日本の幹部は、国鉄時代に欠陥のある仕組みを作っておきながら、これがＪＲの原点であるとして議論を封じて既得権益を守ろうとしたというのが、葛西氏の言い分だ。

結局、新幹線設備はＪＲが買い取ることになり、新幹線保有機構は３年で解散した。引き取った債務は、基本的にはリース料を債務として確定させただけなので、ＪＲ東海が一番大きかった。それでも、株式上場を前にして、ＪＲ本州３社は新幹線債務を確定させる必要があった。

この騒動が遺恨となって、国鉄改革から30年経っても、葛西氏は国鉄改革の恨みを書籍にして世間に発信している。

東海道新幹線でもっと稼ぐ

事実上の「東海道新幹線会社」であるＪＲ東海は、ターゲットの客層も他のＪＲとはまったく異なる。

東海道新幹線の乗客は、7割以上が出張・ビジネス、単身赴任を目的としている。京都を通るが、意外にも観光利用は12％に過ぎない。それだけに、各社が観光列車を投入する中でも、JR東海はまったく関心を示さない。

では、JR東海は主力の東海道新幹線をどのように育てたか。

JR東海だけでなく、JR各社にとって幸運だったのは、会社発足時点でバブル景気が始まっていたことだ。東海道新幹線の利用も右肩上がりで、JR東海の発足から5年目の1991年度には最初のピークを迎える。初年度に比べて利用は3割増えて、列車本数も2割増えた。

バブル崩壊後も、東海道新幹線は横ばいを維持する。このタイミングで「のぞみ」を投入して、最高速度を220キロから270キロに大幅に引き上げたことが奏功した。車両は新型の300系で、東京〜新大阪は2時間49分から2時間30分に短縮し、東海道新幹線の新時代を印象付けた。当時のサラリーマンにとっては、割高な「のぞみ」で出張することにステータスを感じたものだ。

東海道新幹線の利用が増えるにつれて、線路容量の逼迫が問題になる。そこで浮上するのが品川駅開業だった。東京〜品川には車両基地を出入りする回送列車が走るため、品川駅発着の列車を作れば列車本数を増やせる。

しかし、これがＪＲ東海とＪＲ東日本の確執を決定的にする。

品川周辺では、ＪＲ東日本が広大な車両センターを承継したのに対して、ＪＲ東海は新幹線を運行するための最低限の土地しか承継せず、在来線とは反対側（海側）の細い土地までＪＲ東日本の土地になった。つまり、東海道新幹線はＪＲ東日本の土地に挟まれた路線なのだ。もちろん、この状況は東海道新幹線の品川駅開業には支障となる。

この資産分割に葛西氏は納得せず、問題は大きくなる。その前に、葛西氏の人物像を理解しないと、この問題は理解できない。

彼は、安倍晋三を支える「四季の会」の中心にいた人物で、全寮制の学校法人海陽学園の理事長でもある。財界における保守派の代表格だ。政治色が強い人物とも言えるが、良く言えば、国への思いが強い「国士」でもある。

そんな彼にすれば、ＪＲは民間企業ではあるが、（当時は）政府が株主という特殊会社である。そのうえ、東海道新幹線の輸送力は国の交通政策上の最優先課題だ。東海道新幹線の品川駅開業は、ＪＲ東海とＪＲ東日本が話し合って解決すべきものではなく、国民の利益に基づいて解決されるべきと考えたのだ。国士らしい表現を使えば、大所高所から論じられるべきということだろう。

一方、JR東日本にしてみれば、運輸省の働きに期待するJR東海の言動は、国鉄改革の精神に反しており、絶対に許せないものだった。利害関係の対立ではなく、原理原則の対立なので、両社の関係は最悪なものになる。

いずれにしても、この醜い争いは両社とも非難されるべきだ。JRは起業によって誕生した民間企業ではなく、国鉄の資産を引き継いで誕生した企業である。その経営者同士が、承継した土地を発端に非難合戦を繰り広げて、それを国民に見せつけたのだ。国鉄債務の多くは、その後、一般会計に繰り入れられて国民負担になった。その国民に対して醜態を見せており、まさに恥を知るべきである。

JR東日本との確執はあったが、2003年に開業した品川駅の効果は大きかった。東京駅を利用する人の一部が品川駅に流れたのではなく、東京西部や神奈川とのアクセスが大きく改善して、新たな利用者を掘り起こしたのだ。

しかも、品川駅の開業に合わせて、「ひかり」中心から「のぞみ」中心へとダイヤ改正した。これにより、羽田空港の拡張で利用客を侵食されていた山陽新幹線も形勢を逆転した。この後、東海道新幹線の利用客は再び右肩上がりになる。

ちなみに、もともとは品川駅発着の列車を作って列車本数を増やす計画だったが、東海道新幹線の標準化を進めたことで、列車本数の増加は実現できた。その最大の鍵は「こだま」にある。

利用客が少なかった「こだま」は、12両編成にしたり、2列×2列シートにしたりと、利用客を増やす施策が行われたが、車両が異なることで、「ひかり」や「のぞみ」とは車両の運用が分かれていた。「こだま」で運用してきた車両は、「ひかり」や「のぞみ」には運用できなかったのだ。

そこで、車両編成やシート配置を統一して、「こだま」で運用してきた車両を、「ひかり」や「のぞみ」にも運用できるようにした。これにより、回送列車が減ったのである。

東海道新幹線の標準化を進めるため、100系で採用した2階建て車両は廃止となり、座席数が異なる500系も、東海道新幹線からは早々に引退させられた。500系はスマートなフォームで人気があったが、利用者が本当に求めるのは安定輸送と輸送量の確保である。まして、東海道新幹線の大多数はビジネス利用だ。JR東海は、さすがに東海道新幹線をよく理解している。

リニアに挑む

リニア中央新幹線は、品川〜名古屋で4兆円、大阪までで9兆円の事業である。到底、民間企業で行える規模ではない。しかし、ＪＲ東海には東海道新幹線という「ドル箱」路線があるため、自社負担で建設すると宣言する。

この事業は、日本の大動脈を担うＪＲ東海にとっての使命だと、天下国家を論じる葛西氏は感じたと思う。品川～名古屋がリニアによって40分で結ばれると、そのインパクトは日本にとっても絶大である。

山梨試験線を走るリニア中央新幹線（©ABC/PIXTA）

現在の新幹線は、国と自治体の負担で公共事業として建設される。ＪＲは貸付料を払って運行するが、その貸付料も建設費の分割払いではなく、「ＪＲの受益の範囲内」で決められる。新幹線の開業と同時に、並行する在来線も切り離せる。ＪＲが損をすることはないのだ。

ＪＲ東海の決断は、こうしたメリットを捨てて、わざわざ自らリスクを背負うことを意味した。長期債務は大きく増えて、株価も押し下げられる。

もちろん、リスクを取るだけの理由はある。公共事業に任せていると、九州新幹線（長崎ルート）、

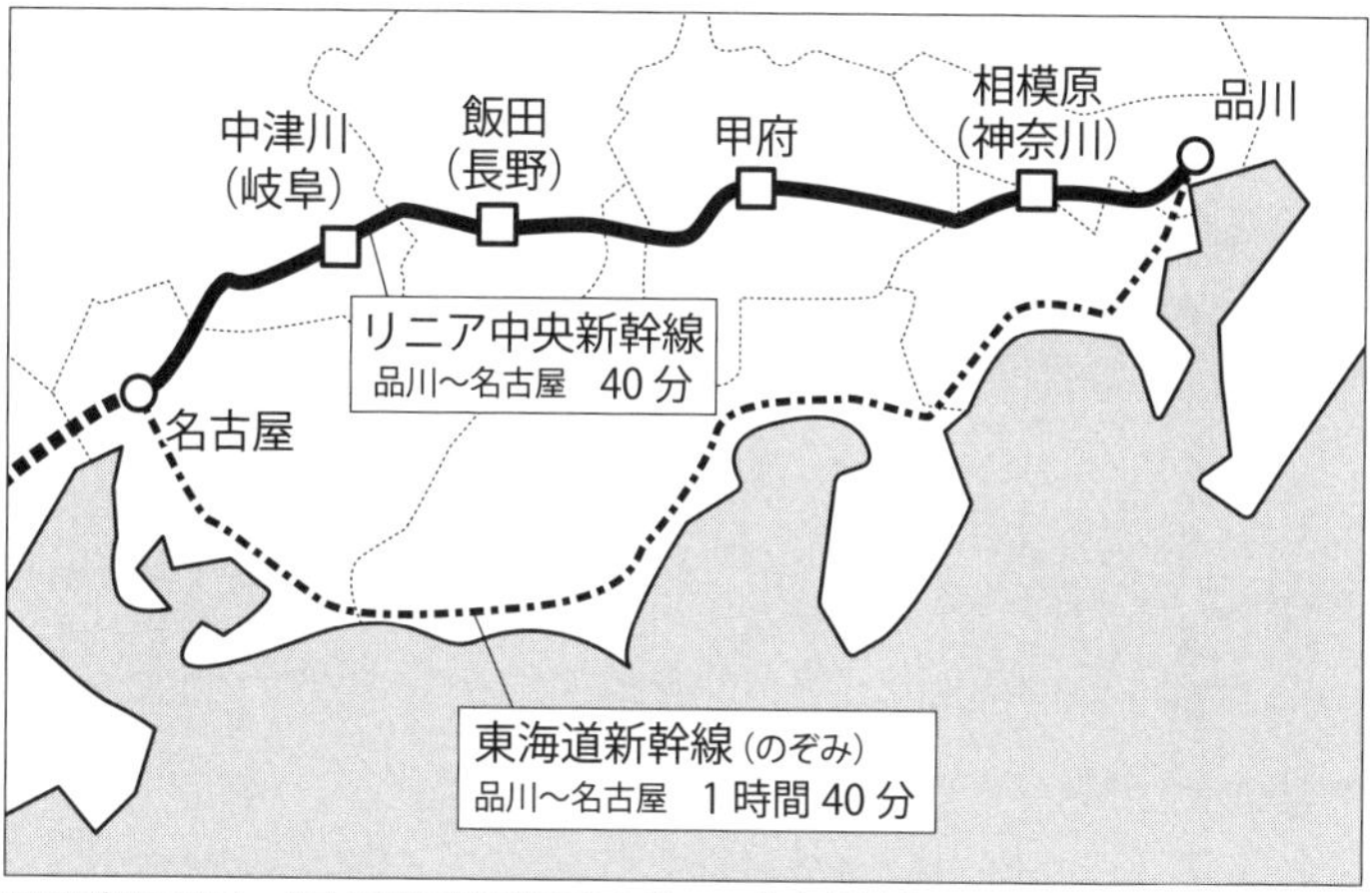

2027年に品川ー名古屋間で開業予定のリニア中央新幹線ルートと既存の東海道新幹線のルート。約1時間の短縮となる

北陸新幹線、北海道新幹線と、もともと計画されていた新幹線の建設が優先されて、中央新幹線は後回しになってしまう。培ってきた超電導リニアの技術も、そのころには廃れてしまうかもしれない。

それにしても大きな決断だ。賛否両論はあるにしても、葛西氏が主導したからこそ、この結論にたどり着いたと言える。日本の鉄道史には、新幹線の父として十河信二《そごうしんじ》国鉄総裁の名が刻まれているが、リニアの父として葛西敬之の名が刻まれるのかもしれない。彼の功績をどのように評価するかは別として、建設されるリニア中央新幹線は後世に残る。

JR西日本

知名度はトップクラスだが、台所事情の厳しい鉄道会社

基礎情報（2019年3月期）

▼営業収益――1兆5293億円
▼営業利益――1969億円
▼売上高営業利益率――12.9%
▼社員数（本体）――2万7100人
▼営業キロ――4903.1キロ（うち新幹線812.6キロ）
▼主な路線―― 山陽新幹線、北陸新幹線（上越妙高～金沢）、山陰本線、山陽本線、北陸本線、紀勢本線（新宮～和歌山市）、東海道本線（米原～神戸）、福知山線、関西本線（亀山～ＪＲ難波）、姫新線、伯備線、芸備線、小浜線、湖西線、和歌山線、阪和線、播但線、福塩線、因美線、木次線、呉線、山口線
▼主な子会社―― ジェイアール西日本ホテル開発、ホテルグランヴィア大阪、ホテルグランヴィア広島、ジェイアール西日本伊勢丹、京都駅ビル開発、大阪ターミナルビル、JR西日本SC開発、西日本ジェイアールバス、中国ジェイアールバス、JR西日本宮島フェリー、嵯峨野観光鉄道、ジェイアール西日本フードサービスネット、日本旅行、ジェイアール西日本デイリーサービスネット、JR西日本不動産開発

JR西日本の大阪環状線を走る
最新車両323系
（©松原 誠）

ＪＲ西日本のエリアは、東は北陸新幹線の上越妙高駅から、西は山陽新幹線の博多駅（その先にある博多南駅）までと、東西に長いのが特徴で、北陸、近畿、中国地方を広くカバーする。営業収益は１兆５２９３億円で、ＪＲ北海道、ＪＲ四国、ＪＲ九州、ＪＲ貨物などとは桁違いの数字を誇り、やはり本州３社と呼ばれる規模である。

営業収益の内訳は、本業の鉄道事業が６割ほどで、この点ではＪＲ東日本と似ている。しかし、東京圏と比べると関西圏は収益力が弱く、それが設備投資額の違いとなって表れる。ＪＲ西日本の営業キロは４９０３・１キロで、ＪＲ東日本の66％に相当する長さだが、運輸業への設備投資額は２０７２億円（２０１８年度）と、ＪＲ東日本の半分以下である。そのため、車両の更新は遅く、古い車両を使い続けている。

鉄道以外の事業では、不動産販売に注力しているのがＪＲ東日本との違いである。子会社のＪＲ西日本不動産開発だけでなく、２０１６年10月には三菱重工業の不動産事業を株式取得した。これにより、エリア外の不動産事業も本格的に手掛ける。ホテルでも、宿泊特化型ホテルのヴィアインを名古屋や首都圏に進出させている。

百貨店事業に進出したのもＪＲ東日本との違いだ。百貨店事業は、１９９７年にジェイアール京都伊勢丹をオープンさせた。ここまでは良かったが、２０１１年開業のＪＲ大阪三越伊勢丹は失敗した。立地は良いが、百貨店激戦区だったこともあって債務超過に陥ったのだ。

1997年開業のJR京都伊勢丹（©Jo）

航空機との競争が厳しい山陽新幹線

ＪＲ東海の東海道新幹線（東京〜新大阪）はドル箱路線だが、ＪＲ西日本の山陽新幹線（新大阪〜博多）は航空機との競争が厳しく、ドル箱路線にはならない。しかも、同社の鉄道収入の過半数は新幹線が占めており、競争の結果が経営を左右する。

ＪＲ西日本に衝撃を与えたのは、羽田空港の沖合拡張だった。１９９７年に新Ｃ滑走路、２０００年に新Ｂ滑走路が供給開始になり、羽田空港の発着枠が大幅に拡大された。

この状況に、ＪＲ西日本は全力で対抗する。

新幹線のスピードアップを図るべく、高速試験車両ＷＩＮ３５０を開発して、１９９７年には最

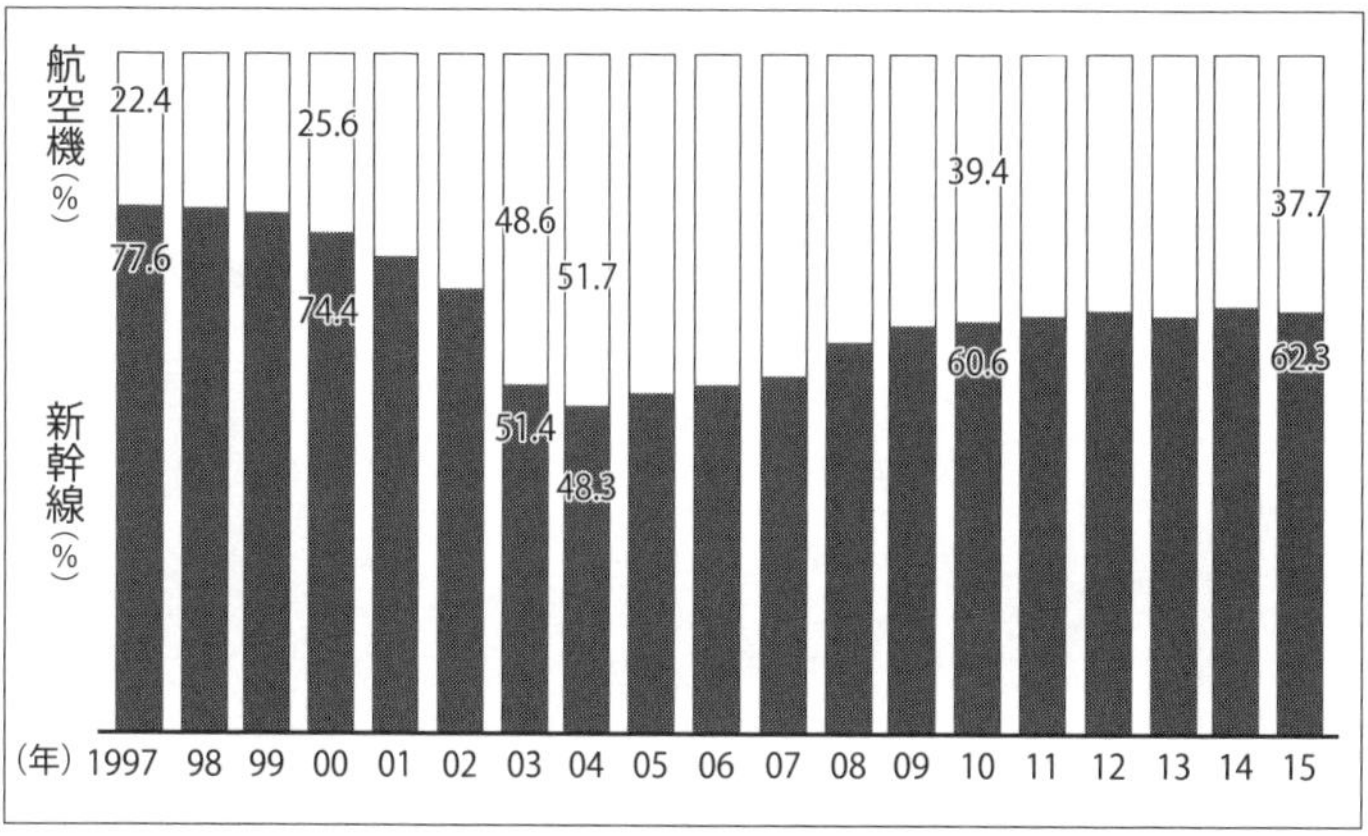

東京－岡山間における新幹線／航空機の比率推移。
2004年には48.3%まで落ち込んだが、そこから回復傾向にある

高時速３００キロの５００系を投入した。背伸びをして、全力で挑んだプロジェクトである。

しかし、５００系は9編成しか製造されなかった。車両コストが高いうえに、座席数が他の形式と違うため、ＪＲ東海が歓迎しなかったのだ。当時の「のぞみ」は1時間に1本だが、そのすべてが５００系に置き換わったわけではない。

話題性だけで、インパクトに欠ける結末である。航空機との競争にも敗北し、東京〜岡山の新幹線のシェアは、１９９７年に77・6%あったものが、２００３年には51・4%に落ちた。この間に、ＪＲ西日本の営業収益、営業利益も右肩下りになる。

結局、航空機との競争で形勢が逆転するのは、「のぞみ」中心のダイヤに変わった２００３年からである。このダイヤ改正で、東海道・山陽新幹線の主役は「ひか

ウエストひかり（©DAJF）

り」から「のぞみ」に変わり、同時に品川駅が開業した。その結果、アクセスを含めたトータルの所要時間が大きく改善した。500系の意義は大きかったが、皮肉なことに、それがJR西日本の限界を証明することになった。JR東海と全面的に手を組まないと、東京方面の輸送では結果がでないのだ。

一方で、山陽新幹線だけの利用に対しては、東海道新幹線とは異なる戦略も必要である。輸送量が少ないため、東海道新幹線からの16両編成に頼ると、列車本数が減って利便性が悪化する。山陽新幹線だけを走る列車を投入すれば、指定席の座席配置を2×2列にするなど、余裕のある座席配置が可能になる。こうして、民営化直後に「ウエストひかり」（0系）がデビューする。

2000年、「ウエストひかり」は「ひかりレールスター」に名称を変えて、車両も最新の700系に置き換えられた。最高速度が大幅アップして、所要時間も改善したのである。これにより、京阪神〜福岡のシェア低下は、東京方面よりも先に底を打った。

現在では、「ひかりレールスター」の役割は、九州新幹線に直通する「さくら」「みずほ」が引き継いでいる。乗客にとっては、余裕のある座席配置は魅力的だ。8両編成と短いこともあって、「さくら」「みずほ」は多くの座席が埋まる。

多様な在来線特急を支えるもの

JR西日本の鉄道の運輸収入のうち、近畿圏と新幹線を除いた地方在来線は12%ほどである。在来線は49路線もあり、2017年には三江《さんこう》線が廃止になり、路線維持が難しいところもある。一方で、JR西日本には今でも多くの在来線特急が残っている。

山陽本線では、ブルートレイン(寝台特急)は全滅したが、「サンライズ瀬戸・出雲」が健在である。通常の在来線特急では、北陸に向かう「サンダーバード」がJR西日本の特急電車の一番の柱だ。関西空港と大阪・京都を結ぶ「はるか」は、当初、関西空港の低迷により利用者を大きく減らしたが、近年のインバウンドで急激に回復している。日本海に抜ける特急には、出雲への観光に使われる「や

特急「サンダーバード」681系（©Rsa）

くも」、鳥取方面の「はくと」「スーパーはくと」「はまかぜ」、北近畿方面の「こうのとり」「はしだて」「きのさき」「まいづる」など、多くが健在である。

鳥取、北近畿と言えば、砂丘や天橋立などの観光地が有名だが、ズワイガニの水揚げでも知られる。北近畿、鳥取で水揚げされるズワイガニは「松葉ガニ」と呼ばれて、冬の味覚の定番だ。冬は一般的には観光のオフシーズンだが、鳥取、北近畿には関西から人が押し寄せる。JR西日本も、「かにカニ日帰りエクスプレス」の旅行商品を発売して、臨時特急まで運行する。

「鉄道屋」による非鉄道事業の実態

JR西日本は、他のJRと同様だが、成長分野である非鉄道事業に力を入れている。その柱の一つが、駅ナカ、

特急「かにカニはまかせ」。先頭部に「かにカニエクスプレス」の文字が見える。現在はこの車両での運行は終了している

コンビニ、飲食店、百貨店で成り立つ流通業で、営業収益ベースでは全体の16%を占める。ところが、営業利益では全体の3%しかなく、かなり成績が悪い。その原因は百貨店業にある。

2011年、百貨店2号店としてJR大阪伊勢丹三越を開業させたが、売上が低迷し、2014年には事実上の撤退となった。今では、商業施設「LUCUA《ルクア》 1100《イーレ》」として再生している。

百貨店の撤退を進める一方で、積極的な施策も行った。駅ナカの「エキマルシェ」を宝塚駅、大阪駅、新大阪駅にオープンさせて、コンビニをセブン・イレブンに転換した。ホーム上も、改札外も、改札内もセブン・イレブンになり、すっかりJR西日本の駅に定着している。

このように、JR東日本と同様に駅ナカに注力し

JR大阪駅の「LUCUA1100（ルクアイーレ）」(©Tokumeigakarinoaoshima)

たことで、百貨店業以外の物販・飲食業は改善している。セブン・イレブンへの転換は効果が大きかったようで、今後は出店を大きく拡大する計画である。

利益面で柱になっているのは、不動産業とホテル業である。大都市を擁する鉄道事業者としては、駅ビル（ショッピングセンター）で稼ぐのが王道だ。それだけでなく、ホテル業では新ブランドを立ち上げ、不動産業では三菱重工の不動産事業を株式取得して、積極的に事業を推進している。

ただし、こうしてJR西日本の非鉄道事業を見渡すと、新規性に乏しいのが気になる。

駅ナカの充実はJR東日本という先例があり、不動産業やホテル業も、JR九州に比べると見劣りする。もちろん先達に倣《なら》うべき事業もあるが、規模は小さくとも、独自性を発揮すべき事業もあるはずだ。流通業や不動産などの非鉄道事業も含めて、今までのJR西日本は「鉄道屋」の色が強かったと思う。

最近になって、2017年に古民家再生を手掛けるベンチャービジネスと提携し、「お嬢サバ」のブランドでサバの養殖を始めるなど、新規事業の話題を提供した。人口の減少は避けられず、鉄道事業の成長は期待しにくい。非鉄道事業は頼みの綱である。

知名度の割には、JR西日本の事業環境は楽観を許さない状況で、しかも非鉄道事業では目覚ましいものがない。

JR九州

鉄道業は実質的な赤字だが、非鉄道業の発展がすさまじい

◀ □ ▶

基礎情報（2019年3月期）

▼営業収益――4403億円　▼営業利益――638億円

▼売上高営業利益率――14.4％　▼社員数（本体）――7530人

▼営業キロ――2273.0キロ（うち新幹線288.9キロ）

▼主な路線――九州新幹線、鹿児島本線（門司港～八代、川内～鹿児島）、日豊本線、長崎本線、佐世保線、筑肥線、篠栗線、山陽本線（下関～門司）、宮崎空港線、筑豊本線、大村線、香椎線、唐津線、日田彦山線、後藤寺線、久大本線、豊肥本線、肥薩線、三角線、指宿枕崎線、吉都線、日南線

▼主な子会社――JR九州バス、JR九州高速船、九鉄工業、JR九州住宅、JR博多シティ、JR小倉シティ、JR長崎シティ、JR鹿児島シティ、JR九州リテール、JR九州ドラッグイレブン、JR九州フードサービス、トランドール、JR九州ファーストフーズ、JR九州ファーム、JR九州ハウステンボスホテル、JR九州ホテルズ、JR九州リゾート開発、おおやま夢工房、JR九州シニアライフサポート

JR九州のクルーズトレイン
「ななつ星in九州」

ＪＲ九州は、鉄道運輸収入が営業収益全体の39％しかなく、鉄道事業の比率が低い。営業利益では鉄道事業が42％を占めており、鉄道の寄与は高いように見えるが、これは減損処理の結果で、そうでなければ赤字である。鉄道事業を利益の生まない事業とみなして、資産価値を圧縮して減価償却費を大幅に減らしたのだ。

一方で、鉄道事業以外の実績は驚異的なものだ。駅ビル・不動産では、営業収益が６５１億円で、営業利益が２３７億円、利益率は３割を超える。ＪＲ九州は、駅ビルだけでなく、賃貸マンションや分譲マンションも手掛けており、そのブランド力が強い。

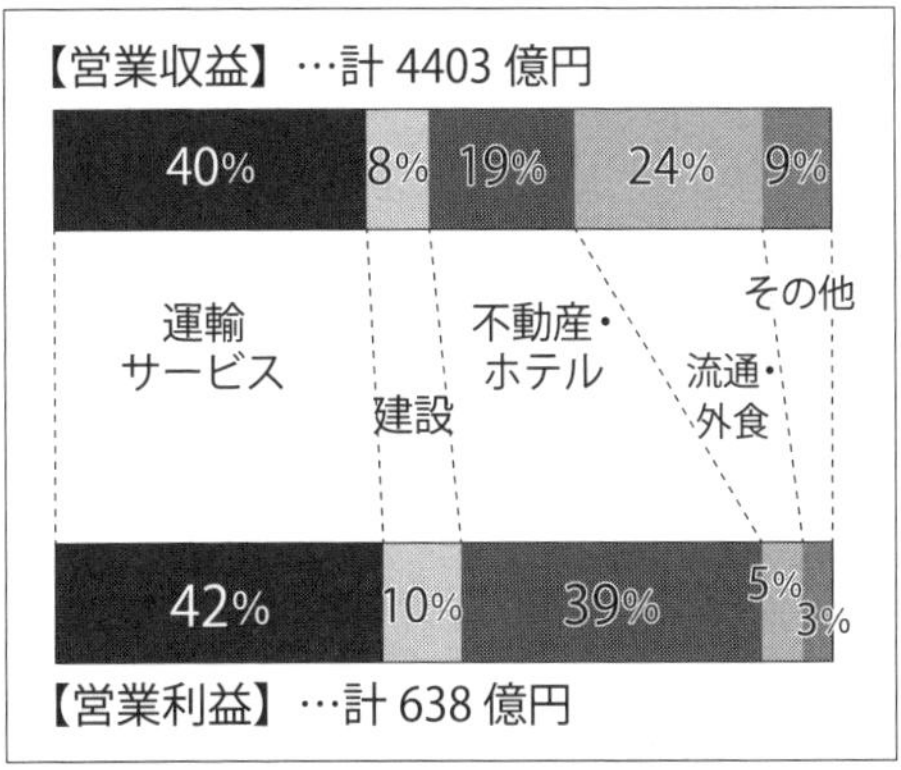

JR九州の営業収益・営業利益におけるセグメント別割合（2019年３月期の連結データを利用）

流通・外食では、ドラッグストアを買収し、農場を８つも運営している。外食の「うまや」は首都圏、上海にも進出しており、もはや鉄道の付帯事業というレベルではない。流通・外食の利益率は低いが、着実に黒字を伸ばしており、百貨店で失敗したＪＲ西日本に比べても安定した利益を確保している。独自性とブランド化が秀逸である。

ホテル業は、ホテルチェーン拡大とともに、既存の宿泊温浴施設の事業再生まで行っている。さらに、2017年にはタイで長期滞在ホテル「サービスアパートメント」の運営権も取得した。リゾートホテルではなく、駐在者向けの施設であるのが特徴的だ。

圧倒的な非鉄道事業の攻勢により、2017年に上場を果たした。

観光列車で有名だが鉄道事業は実質赤字

JR九州の列車は、在来線車両も含めてデザインが秀逸である。JR九州のカラーは赤で、旧式の在来線車両も赤に塗色して、これが九州の地を彩っている。

JR九州は、デザイナーの水戸岡鋭治《みとおかえいじ》氏を起用して、デザイン重視の車両を作ってきた。今では、水戸岡鋭治氏がデザインした車両は全国各地に広まったが、その発端はJR九州である。列車に乗る楽しさや、列車を見る楽しさは、デザインの力に依るところが大きい。すぐれたデザインは、時が経っても見劣りすることはない。

観光列車もJR九州の大きな特徴で、「ゆふいんの森」「A列車で行こう」「ななつ星・in九州」「或る列車」など、多様な列車を走らせている。ちなみに、JR九州は「ななつ星・in九州」をクルーズトレインと呼び、他を「D&S（デザイン&ストーリー）列車」と呼んでおり、コンセプトづくりから力を入れている。ＪＲ九州にしてみれば、「観光列車」と簡単に分類されては心外だろう。

一方で、鉄道運輸収入の１／３を占めるのは新幹線である。新大阪～熊本は最速で３時間を切っており、航空機との競争では６割前後のシェアを握っている。そのため、山陽新幹線から直通する新幹線は、九州新幹線内だけの新幹線に比べて乗車率が高い。

博多～熊本は40分ほどで、新幹線によって距離が大きく縮まった。東京から熊本に行くには、福岡空港経由で九州新幹線を使う選択肢ができた。福岡空港は便数が多く、博多駅とは地下鉄で2駅と近い。しかも、福岡空港は最終便が遅いため、東京での滞在時間を延ばすことができるのだ。

これだけの魅力がありながらも、鉄道事業は実質赤字である。２０１６年には、利益が出ない事業とみなして減損処理を行った。会計上、鉄道資産の価値はないとみなしたのだ。資産価値がなくなったので、減価償却費も

JR九州の観光列車「ゆふいんの森」号（©Richard, enjoy my life!）

大幅に減り、2016年度の鉄道事業は250億円の黒字になった。ただし、実態は変わっておらず、減損処理をしなければ赤字である。

2018年3月のダイヤ改正では、運転本数117本の削減に踏み切った。しかも、熊本地震、九州北部豪雨により、豊肥《ほうひ》本線、日田彦山《ひたひこさん》線の一部区間では、運転見合わせが長期化している。

恐ろしいまでのバイタリティー

JR九州は「鉄道会社というより不動産会社」と言われるぐらい、その不動産事業は驚異的である。

JR九州の賃貸マンションは「RJR」、分譲マンションは「MJR」というブランドがある。「MRJ」に至っては、2016、2017年の九州地区マンション販売戸数で第1位に輝いた。九州の分譲マンションと言えば、ダイワハウスでも三井不動産でもなく、トップはJR九州なのだ。駅ビルは、JR博多シティ・アミュプラザ博多を筆頭に、大分、鹿児島、長崎、小倉にある。地方都市でも住民の都心回帰は起きており、駅ビルを運営するJR九州にとっては追い風が吹いている。

駅ビル・不動産事業は、2018年度実績で、営業収益が651億円、営業利益が237億円で、JR九州の大黒柱である。この事業が成長したことで、鉄道事業の赤字がカバーされるようになり、上場が可能になった。JR九州が「鉄道会社というより不動産会社」というのも、数字の上では正しいのだ。

もっとも、鉄道事業が中核であることは変わりない。不動産業も、鉄道事業で培ったブランド力を活かしている。客観的に見ても、駅ビル事業収入が418億円もある。

東京・赤坂にある「赤坂うまや」

流通・外食も、利益率は低いが、その実態は驚愕に値する。外食の「うまや」は本格的な料理屋で、「赤坂うまや」などは雰囲気が良く、海外からの顧客の接待にも利用できる。分譲マンションの「MJR」と同じで、鉄道事業から派生した事業というレベルではなく、その業界に新しく誕生したベンチャーのようだ。鉄道会社が運営する飲食店の典型的なパターンは、フランチャイズビジネスだが、それらとは全く異なる。

恐ろしいほどのバイタリティーだが、その凄まじさを感じる施策がある。同社の2018年度までの中期経営計画には、「さがせ100万円、みつけろ10万円プロジェクト」

として、コスト削減の徹底を紹介していた。何にしても、取り組み方が生半可ではない。

ＪＲ九州を育てる土地柄

驚いたことに、ＪＲ九州には国際航路もある。韓国との距離が非常に近く、ジェットフォイルで福岡～釜山《プサン》を３時間で結んでいる。ちなみに、この事業を皮切りにＪＲ九州は数々の施策をスタートさせた。同社の原点ともいえる事業である。

船の名は「ビートル（ＢＥＥＴＬＥ）」で、海とは関係のない「カブトムシ」から名づけられた。海の上を飛ぶように走るので、あえて海とは関係のないものからネーミングにしたようだ。ビートルは２０１７年にリニューアルを終えたが、このときのトータルデザインも水戸岡氏が担当した。

この航路に代表されるように、九州は韓国からの訪日客が多い。日本全体では、中国が訪日客数の約１／４を占めており、韓国は２割ほどである。ところが、九州では韓国が４割弱を占めており、圧倒的な１位である。韓国人観光客が多い九州では、韓国向けの対応が必要になる。九州新幹線では、早くから韓国語と中国語の案内を行っていた。インバウンドの対応も英語対応ばかりではない。九州では韓国語対応の重要度が高いのだ。

福岡ー釜山を結ぶ「BEETLE」号（©ぱちょぴ）

九州には、留学生が多いという特色もある。さすがに関東と近畿には負けるが、名古屋を含む中部に勝り、北海道、東北、中国、四国と比べると桁違いに多い。留学生の多い大学ランキングでも、4位に立命館アジア太平洋大学、5位に九州大学が入り、京都大学や大阪大学をも上回る。大学の知名度を考えると驚くべき順位である。九州とは、そういう土地柄なのだ。

ＪＲ九州は、早くから留学生向けのパスを発売してきた。彼らに九州各地を訪ねてもらい、口コミで九州を海外に広めてもらおうという考えだ。

ＪＲ九州は、釜山への高速船を運行し、外食では「うまや」が上海に進出し、タイで長期滞在ホテル「サービスアパートメント」の運営権を取得した。その国際性は、九州の土地柄が影響しているのかもしれない。いずれにせよ、鉄道業以外で海外に挑んでいるところが、ＪＲ九州らしさである。

JR北海道

国鉄の分割民営化の失敗例

基礎情報（2019年3月期）

▼営業収益――1710億円　▼営業利益――418億円（赤字）

▼売上高営業利益率――　－　▼社員数（本体）――6648人

▼営業キロ――2535.9キロ（うち新幹線148.8キロ）

▼主な路線――北海道新幹線、函館本線、千歳線、室蘭本線、札沼線、石勝線、根室本線、富良野線、宗谷本線、石北線、釧網線、日高本線、留萌本線

▼主な子会社――ジェイ・アール北海道バス、ジェイアール北海道レンタリース、北海道ジェイ・アール・エージェンシー、北海道キヨスク、北海道ジェイ・アール・フレッシュネス・リテール、札幌駅総合開発、北海道ジェイ・アール都市開発、ＪＲ北海道ホテルズ、札新開発、ドウデン、北海道ジェイ・アール・サービスネット、ジェイアール北海道エンジニアリング、北海道ジェイ・アール運輸サポート、札幌交通機械、北海道軌道施設工業、北海道高速鉄道開発

雪の日も走行する
JR北海道の「スーパー宗谷」
（©bryan...）

広大な北海道を営業エリアとしており、営業キロは2535・9キロ（2019年4月現在）で、JR九州を上回る。しかし、営業収益は1710億円しかなく、JR九州の半分にも及ばない。鉄道事業の営業収益は819億円で、JR四国の3倍以上に相当し、事業規模は大きい。同時に、営業損失が418億円と大赤字で、JR四国の4倍にもなる。

同社は会社発足当初から赤字が見込まれて、6822億円の経営安定化基金が設置された。その運用益で赤字を穴埋めする計画だが、当初は約500億円だった運用益は、低金利により現在では約247億円に半減している。国鉄分割民営化のスキームは破綻し、2016年には、同社は全路線の約半分を「単独で維持困難な線区」として公表した。

一方、札幌駅の一日の乗車人員は10万人弱で、高松駅と比べると8倍近くで、広島駅と比べても3割ほど多い。非鉄道事業の柱は不動産賃貸業で、営業利益は73億円になるが、その過半数は札幌駅にあるJRタワーが生み出している。

同社は、過去に大きな不祥事を起こしている。2011年に起きた石勝《せきしょう》線列車脱線火災事故では、死亡者はいなかったが、79名が負傷し、トンネル内の列車火災だったので多くの乗客が恐怖を味わった。2013年に起きた貨物列車の脱線事故は、線路の異常が放置されたことが原因で、検査データも改ざんされていた。これにより、同社の信頼は失墜する。これらの事故の前後では、当時の社長と元社長が相次いで自殺している。

札幌だけは別天地

札幌駅だけは、JR北海道の中で特別な存在である。

　特急列車が発着し、乗り降りする人とともに、道内各地の空気が流れ込む。しかも、快速エアポートが頻繁に発着するので、本州からの訪問者や、訪日外国人観光客が多彩な空気を持ち込む。

新千歳空港は利用者数では国内第5位の空港で、伊丹空港や中部国際空港を上回る。羽田便だけでなく、成田便、関空便もあり、訪日外国人旅行者の利用が多い。

新千歳空港から札幌に行くには圧倒的に鉄道が便利である。6両編成の快速エアポートが15分おきに運行されており、最速で37分の所要時間である。この区間(白石《しろいし》〜苫小牧《とまこまい》)の輸送密度は4万5000人/日/キロで、瀬戸大橋線の2倍に相当し、山陰本線の京都〜園部《そのべ》や、山陽本線の白市《しらいち》〜広島〜岩国など、地方都市の主要路線に匹敵する。しかも、訪日外国人旅行者の増加もあり、増発や編成増が計画されている。

札幌市は、広島市や福岡市よりも人口が多く、名古屋市に次ぐ190万人規模である。通勤・通学

札幌駅JRタワー（©663highland）

は、防寒という点では市営地下鉄や自動車の方が便利だが、JR北海道の存在は欠かせない。

札幌駅にはホームが10番線まであるが、列車本数が多いこともあって、ホーム容量は逼迫している。北海道新幹線を発着させる余地はなく、既存駅舎の東側（旭川方面）に新幹線用の新しい駅舎を建てることになった。上から見ると、在来線ホームと新幹線ホームが縦列する形である。

鉄道用地に余裕はないが、札幌駅の乗車人員は10万人弱もあり、これを活かした非鉄道事業は欠かせない。2003年に開業したJRタワーは、地上38階建てのタワーがある駅ビルで、商業施設やホテル、オフィスが入っている。大型投資だが、札幌駅の乗降客だけでなく、幅広い顧客を取り込むことに成功した。

観光客にとっては、札幌駅を起点にしやすくなった。札幌駅には市営地下鉄が通っているので、大通公園やススキノとのアクセスは良い。さらに、ＪＲタワーには展望室があり、食事でも、整理券を配るほどの人気寿司屋がある。ＪＲタワーが観光地の一つになった。

ＪＲタワーには、自家用車で訪れる人も多い。驚いたことに、札幌駅のホーム上にＪＲタワー用の屋外駐車場がある。札幌駅は、ホームに風雪を除けるための覆いがあるが、その上を駐車場にしたのだ。首都圏では駅ナカ施設になりそうな空間だが、地方は車社会なので、ホームの上まで駐車場にしたわけだ。

ＪＲタワーの成功により、ＪＲ北海道の不動産賃貸業は大きく発展して、今では73億円の営業利益を生み出している。

究極の合理化である廃線

札幌だけは別天地だが、ＪＲ北海道の現実は厳しい。

営業利益ベースでは、根幹の鉄道事業が５５９億円の赤字で、事業全体でも４１８億円の赤字である。全国を見渡せば、第三セクターなど、公的な資金によって存続している鉄道会社は多い。しかし、ＪＲ北海道は赤字の桁が違う。しかも、1桁ではなく、2桁である。

第三セクターの北越急行は首都圏と北陸を結ぶバイパスだったが、北陸新幹線の金沢延伸により、その役割を終えた。そのため、現在では巨額な営業損失を出している。第三セクター鉄道の中でも圧倒的な大赤字だが、それでも営業損失は7億円の規模だ。

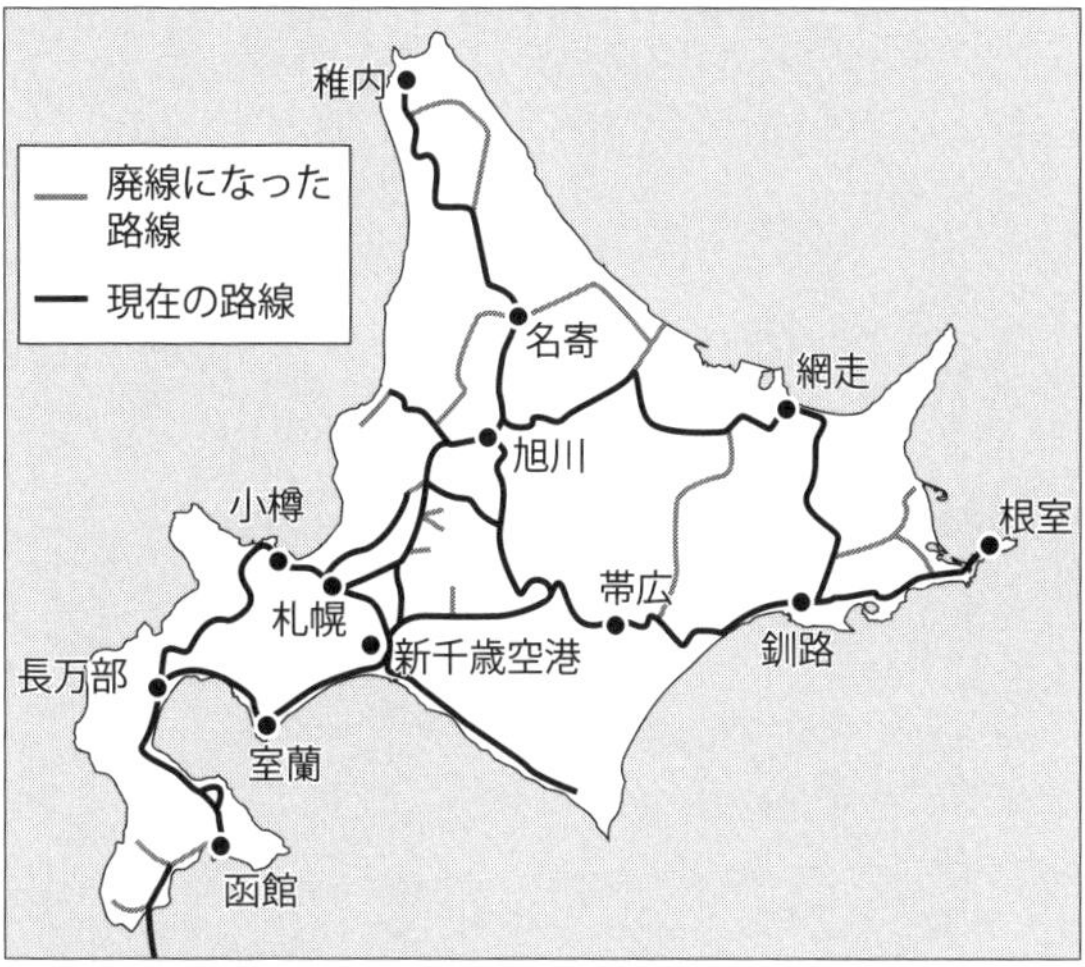

JR北海道の発足時から2019年までに廃線になった路線と現在の路線図

ＪＲ北海道も、対策をしてこなかったわけではない。

稚内方面では、宗谷本線は残したが、別ルートの天北《てんぽく》線や、枝分かれする深名《しんめい》線は廃線にした。同様に、遠軽・北見・網走方面では、石北本線は残したが、枝分かれする名寄《なよろ》本線は廃線にした。釧路・根室方面も、根室本線は残したが、枝分かれする標津《しべつ》線は廃線にした。こうして、道北や道東については、幹は残しているが、枝は切り落とした形である。廃線は究極の合理化であり、最終手段である。しかし、経営のインパクトが大きすぎる路線については、躊躇していられない。

ＪＲ北海道の現在の営業キロは２５３５・９キロで、私鉄とは比較にならないほど長い。それでも、会社発足時から比べると約６４０キロも短く、約８割に縮小している。こうしてみると、ＪＲ北海道の歩みとは、廃線を進める歩みでもある。

安全のために必要なコスト

営業キロだけではない。人件費の削減はさらに劇的で、会社発足当時の約６割までに絞り込んだ。鉄道事業の営業費用の中で、もっとも大きな割合を占めるのが人件費である。そのため、ＪＲ北海道やＪＲ四国などは、無人駅化や駅の省力化など、必死になって要員を減らしてきた。

人件費に次ぐのが修繕費である。これも抑制してきたが、近年は大幅に増加している。コスト削減は必須だが、安全のために最低限の支出は避けられない。ＪＲ北海道は、２０１１年５月に石勝線列車脱線火災事故、２０１３年９月に大沼駅構内貨物列車脱線事故を起こしており、ここから再出発している。

ＪＲ石勝線特急脱線炎上事故において、シートに覆われた事故車両と火災の起きたトンネル（提供／朝日新聞社）

前者は、走行中の特急列車が列車部品を脱落させて、トンネル内で列車火災を起こした事故である。夜間だったこともあり、乗客は大きな恐怖を味わった。死者はいなかったものの、79名が負傷し、国土交通省は「事業改善命令・改善指示」を発した。

ところが、この事故が発端となって、事故や社員の不祥事が噴出する。

ＪＲ北海道にはディーゼル車両が多く、列車火災が起きると、ガソリンに引火する危険性がある。それが現実になったのが石勝線列車脱線火災事故だが、その後も特急列車の発煙、出火が相次ぎ、同社の車両メンテナンスの信頼は揺らいだ。

そんな中、国土交通省への報告を目前にして、社長の中島尚俊《なかじまなおとし》氏が失踪した。その数日後に、小樽沖で遺体となって発見される。遺書が残されていたため、自殺であることが判明した。

それにしても、驚くべき事態だった。心労は大きいと思うが、そもそも社長とは心労の多い立場である。ＪＲ北海道は、それだけ伏魔殿だったのか。知られざる闇が見えるようで、不気味な印象が残った。

それから2年後、後者の貨物列車脱線事故が発生した。原因は、検査で線路の異常が見つかったにも関わらず、補修をせずに放置したためだ。さらに、検査データの改ざんが明らかになり、杜撰な実態が明らかになる。安全に対する意識の低さが露呈し、労使関係、企業風土など、会社の根幹が問われる事態になった。同社の信頼は地に落ちたのである。

事故後、相談役で元社長の坂本眞一氏が自殺した。中島氏の上司筋にあたる人物だが、中島氏と同じように海で命を絶った。場所は余市港で、中島氏が亡くなった小樽からも近い。詳細は分からないが、中島氏の死を意識したような死に方だった。

なぜ坂本氏は命を絶ったのか。社長や会長ではなく、一線を退いた相談役である。そのため、事故対応の心労ではないだろう。ＪＲ北海道への批判が大きくなったことで、約10年間もトップにいた身として大きな責任を感じたのか。中島社長の死に責任を感じたのか。理由はよく分からないが、いずれにせよ、ＪＲ北海道の異常さを決定づける自殺だった。

そして、事故後の年度替わりのタイミングで、社長である野島誠氏と、前社長で会長の小池明夫氏が退任となった。事実上の更迭と見られる。この時点で、JR北海道の歴代社長は5人だったが、初代社長の大森義弘氏を除くと、2人は自殺を遂げて、2人は更迭されるという異例の事態になった。

2014年度からの新体制では、子会社に出ていた島田修氏を社長として、JR東日本出身の須田征男氏を会長にした。JR北海道は、JR東日本やJR東海とは違って完全民営化企業ではない。そのため、トップの人事には政府の意向が反映される。経営陣を刷新し、JR東日本の出身者を送り込んだのも、政府の強い不信感によるものだろう。

そんなJR北海道も、国鉄の分割民営化で誕生した企業であり、民間企業として自立した経営を目指してきた。その歩みが半ば否定されたようなものだが、仕方のないことである。


JR北海道は、国土交通省からの命令を受けて、貨物列車脱線事故の後、2017年度を最終年度とする「安全投資と修繕に関する5年間」の計画を策定した。それまでは、老朽化対策の先送りも多かった。しかし、コスト優先ではなく、安全を確保するための投資や修繕でなければならない。それが、近年になって修繕費が増えている理由である。

貨物列車脱線事故の原因は、JR北海道の管理の問題である。一方で、あまりにも厳しい事業環境のため、注力すべきところが疎かになった側面も否定できない。国鉄改革から30年という節目に、JR北海道は抜本的な見直しに直面した。

直面する抜本的な問題

JR北海道では、会社発足当初から鉄道事業の赤字が予想されたため、経営安定基金として6822億円が設置された。これは、JR四国やJR九州も同様である。経営安定基金の運用益で、つまり営業外利益によって、赤字を穴埋めするスキームだ。

ところが、この机上の計算は破綻する。当初500億円ほどあった運用益は、現在では約247億円に半減している。経営安定化基金の積み増しなども行われたが、それでも安定した経営には程遠い。

JRタワーを成功させて、不動産賃貸業の営業利益は73億円に育ったが、数字だけを見れば、その努力も吹き飛ぶ実態である。鉄道事業でも、人件費を大幅に減らすなどの合理化を進め、列車の高速化を実現して、競争力の維持向上に努めてきた。それでも、厳しい現実に追いつかないのだ。

そんな中、石勝線列車脱線火災事故と大沼駅構内貨物列車脱線事故により、会社運営を根本から見直すことになった。安全投資や修繕の考えも改められた。コスト削減にも限度がある。安全な鉄道を維持するには、老朽化対策などの継続的な投資や修繕が必要である。

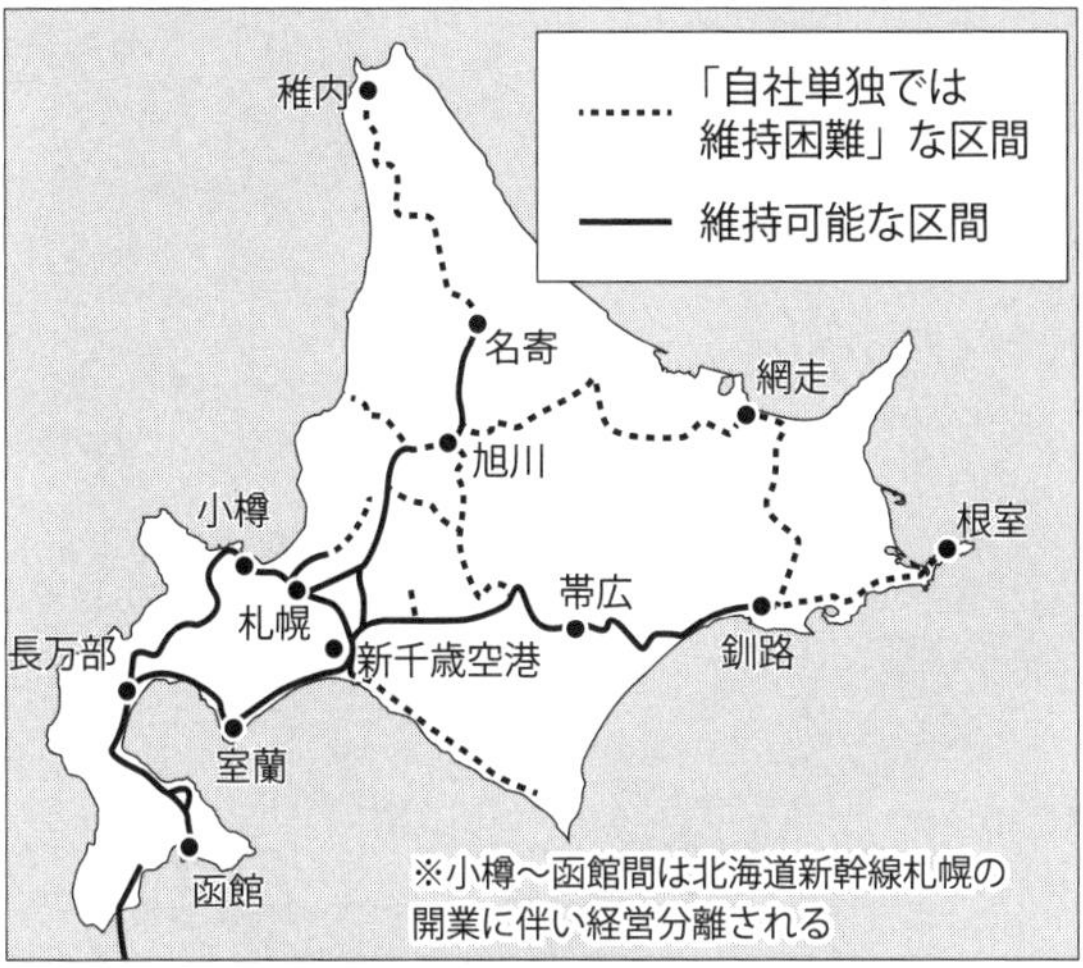

「自社単独では維持困難」とされた路線

２０１６年、同社は「自社単独では維持困難」とする区間を公表した。本業である鉄道事業で、その半分以上の区間を「自社単独では維持困難」だと宣言したのである。

衝撃的ではあるが、経営状況を鑑みると妥当と言わざるを得ない。反発や批判は多かったが、この厳然たる事実を前に、説得力のある反論はなかった。島田新体制は、誰もが直視したくなかった現実を明確に示した。健全な経営判断だと言えるだろう。

この結果を裏付けるデータとして、ＪＲとしては異例のことだが、路線別の収支を発表した。そ

札幌―旭川間を結ぶ特急「ライラック」(©Rsa)

れによれば、札幌近郊(札幌～苫小牧・小樽・岩見沢・医療大学)ですら、管理費を含めると約25億円の赤字(2017年度)だった。JRタワーを含めたとしても黒字の確保は簡単ではない。札幌から旭川、帯広、室蘭、長万部《おしゃまんべ》までの区間は、多くの特急列車が活躍しているが、営業利益ベースでは赤字であり、経営安定基金によってはじめて事業として成り立つ。まして、網走、釧路、根室などへの路線は、現在のスキームでは維持できない。広大な道東、道北では、ほとんどの路線がJR北海道だけでは維持できないのだ。

完全民営化で逃げ切った会社

JR北海道の経営危機の原因は何だろうか。信頼を失墜させるような事故を起こしたことか、関連事業が十分に育てられなかったことか。

確かに、JR九州などと比較すると、今日までの成果は不十分かもしれない。しかし、そもそもスキームが破綻しており、遅かれ早かれ、このような事態は免れなかったのではないか。それとも、もっと有能な経営者だったら、この危機は回避できたと言うのか。

ちなみに、「国鉄改革三人組」の一人である松田昌士氏は、国鉄改革を目前にして北海道へ異動になった。松田氏が北海道出身だったこともあるが、これは改革派を左遷する人事だった。

いずれにせよ、松田氏は、北海道でも国鉄の分割民営化は成功すると自信を持つ。遊休施設と化した貨物施設が多く、職員の数も多すぎるなど、合理化の余地が大きかった。一方で、直線的な線路が多いため、少ない投資でもスピードアップが実現できる。そのため、「ぎりぎりだけれども黒字経営でいけるという自信を持った」(『なせばなる民営化　JR東日本』生産性出版)と言い切ったのである。

ところが、松田氏をはじめとした「国鉄改革三人組」は、JRが発足すると本州3社に配属された。松田氏はJR東日本、葛西敬之氏はJR東海、リーダー格の井手正敬《まさたか》氏がJR西日本である。井出氏の人事は注目されたが、それは、JR西日本が本州3社の中で一番経営が厳しいと予想されたからである。ちなみに、国鉄再建監理委員会のメンバーだった住田正二元運輸次官は、JR東日本の初代社長に就任している。

彼らの人事は、国鉄改革の論功行賞だったのか。それとも、規模の大きい本州3社だけは盤石にすべきと考えたのか。いずれにせよ、彼らがJR北海道や四国に配属されることはなかった。

葛西氏や松田氏などは、国鉄改革とJR誕生の経緯を自著に残している。彼らは、国鉄の中で青年将校のように立ち上がり、守旧派と戦い、分割民営化を断行した。彼らが配属されたJR本州3社は、赤字を垂れ流していた国鉄とは違って、法人税を納める優良企業に生まれ変わった。これ以上のドラマはない。彼らの自著は、後世に残されるべき貴重な記録である。

しかし、彼らの証言や、経営者になってからの言動には、興ざめさせられることがある。

確かに、JR東海やJR東日本などは国鉄債務の一部を承継しており、重い負担を背負ってスタートした。これは事実である。しかし、バブル景気の追い風を受けて、その後の低金利が幸いしたこともあり、債務の圧縮は着実に進んだ。今になってみれば、承継した国鉄債務は巨額だったが、それ以上に国鉄から引き継いだ資産が莫大だったと言えるだろう。国鉄の分割民営化後、JR東日本やJR東海にとっては事態が有利に推移して、JR北海道やJR四国にとっては、途中から予想以上に不利な状況になった。

国鉄改革やJR誕生は華々しいドラマだが、そのドラマの中には、当事者が配属されなかったこともあって、JR北海道やJR四国などは登場しない。一方、JR東日本とJR東海は国鉄の資産分割への不満を背景にして、様々な問題で非難の応酬を繰り広げた。

JR北海道やJR四国の現状と、処理しきれなかった国鉄債務が国民のツケになったこと（たばこ税の増税や一般会計への繰り入れ）を考えれば、両社の争いは国民を愚弄するものだ。

国鉄の分割民営化後、節目の年を迎えるたびに国鉄改革は称賛されてきた。しかし、30年目の節目を迎えた2017年は、JR北海道の経営危機が顕在化しており、冷静な視線が注がれた。

JR東日本は、JR北海道との合併論を警戒して、目立つ言動は慎んだようにも見える。確かに、JR北海道の営業損失は418億円と莫大だが、JR東海とJR東日本の営業利益を合計すれば約1兆円を超える。

しかし、JR東日本やJR東海などは完全民営化を果たしており、今や政府の手の届かないところにある。言葉は悪いが、彼らは逃げ切ったのである。

JR四国

瀬戸大橋線に抱いた希望と高速道路から受けた衝撃

基礎情報（2019年3月期）

▼営業収益――498億円
▼営業利益――114億円（赤字）

▼売上高営業利益率――　－
▼社員数（本体）――2279人

▼営業キロ――855.2キロ

▼主な路線――本四備讃線、予讃線、内子線、高徳線、土讃線、徳島線、鳴門線、牟岐線、予土線

▼主な子会社――ジェイアール四国バス、四鉄運輸、JR四国ホテルズ、四国キヨスク、ステーションクリエイト東四国、ステーションクリエイト愛媛、ステーションクリエイト高知、ウィリーウィンキー、めりけんや、四国開発建設、四国電設工業、本四塗装工業、JR徳島駅ビル開発、よんてつ不動産、四国鉄道機械、ジェイアール四国メンテナンス、ジェイアール四国企画、ジェイアール四国コミュニケーションウェア、四鉄サービス、駅レンタカー四国、ＪＲ四国情報システム

土讃線を走行する特急「南風」に利用されるアンパンマン列車
（©Mitsuki-2368 (talk)）

「JR3島会社」という分類があるが、JR四国とJR九州では事業環境がまったく異なる。JR四国の営業収益は498億円で、JR九州と比べても規模が1桁小さく、本州3社と比べると2桁小さい。営業損失は114億円（赤字）で、一度も黒字になったことがない。

鉄道事業の要は瀬戸大橋線で、そのうち岡山〜児島《こじま》はJR西日本だが、児島〜（瀬戸大橋）〜高松がJR四国である。正式な路線名で言えば、本四備讃線《ほんしびさん》と予讃線《よさん》の一部である。この区間の平均通過人員（輸送密度）は約2万4000人／日で、JR四国の中では断トツのトップ。ただし、営業キロが短く、屋台骨というほどではない。

JR四国の最大の駅は、一日の乗車人員が1万3000人ほどの高松駅である。しかし、これはJR九州の佐賀駅ぐらいの規模しかなく、2位の徳島駅ともなると8000人にまで落ち込む。大規模な駅がないため、収益力のある駅ビルもなく、不動産業でも利益が出ない。これが同社の経営にとっては致命的である。

ホテルは、シティホテルの「ホテルクレメント」を高松、徳島、宇和島で運営しているが、これも利益が出ていない。流通・飲食業（同社では物品販売業と呼ぶ）も、駅の集客力が弱いこともあり、ほとんど利益が出ない。事実上、鉄道事業の赤字を穴埋めしているのは、ジェイアール四国バスによるバス事業だけだと見られる。

瀬戸大橋の開業は本州からの「手切れ金」だったのか?

四国は、もともと交通整備が遅れた土地だった。高速道路が初めて開業したのは1985年、瀬戸大橋が開通したのが1988年、空路の整備も遅れて、高松空港にジェット機が飛来するのは1989年からである。「四国の玄関」を自負する高松だが、それ以前はプロペラ機(YS-11)が離着陸する空港しかなかった。

鉄道でも、四国は「取り残された島」だった。国鉄(現JR)は電化されることがなく、地元の人は「汽車」と呼んだ。自嘲したのではなく、スピードの出ないディーゼル車両が走るのが実態だったのだ。逆に、「電車」と言えば私鉄(伊予鉄道・高松琴平電鉄)のことで、国鉄には旧態依然というイメージが染みついていた。

同じ「島」でも九州は違う。関門トンネルが早くから開通して、山陽新幹線も上陸した。関西から距離的に近い四国だが、橋もトンネルもなく、フェリーに依存しており、九州と四国の格差は大きかった。

それだけに、瀬戸大橋が与えた衝撃は絶大である。

高松〜岡山は、高松港から宇高《うこう》連絡船に乗り、宇野から電車に乗り換えていたのが、快速「マリ

瀬戸大橋線を走る「マリンライナー」

ンライナー」によって乗り換えなしの1時間で結ばれた。しかも、「汽車」ではなく、「電車」によって。

当初、瀬戸大橋の普通自動車の通行料金は6000円以上と高額だったので、カーフェリーが根強く残ることになった。それだけに、快速「マリンライナー」は存在価値が高かった。劇的に利便性が改善しただけでなく、特急料金が不要で格安だったのだ。

高松駅には、快速「マリンライナー」だけでなく、「東京行」の寝台特急「瀬戸」も発着するようになった。寝台特急なので利用者は限られるが、その精神的なインパクトは計り知れない。東京の人には理解しがたいだろうが、「東京行」の列車が発着するのは、地方にとっては衝撃的なことである。

瀬戸大橋の開業により、四国は本州と「地続き」になり、「島」という感覚がなくなった。

瀬戸大橋の開業から間もなく、国鉄はJR四国へと生まれ変わった。発足時からJR四国は赤字が想定されたが、地元では明るい船出と捉えられた。

旧態依然の国鉄だけに、発展の余地も大きいように思われた。JR四国の誕生は、このタイミングを置いて他になかっただろう。しかし、今から振り返ると、瀬戸大橋線は本州からの「手切れ金」だったようにも思える。

高速道路が与えた衝撃

「四国の玄関口」は香川県の高松市だが、「四国最大の都市(商都)」は愛媛県の松山市である。だからこそ、高松〜松山を結ぶ予讃線は四国の大動脈とも言える。予讃線は岡山〜松山の大部分も担っており、JR四国の中では高い輸送密度が期待できる。しかも、瀬戸大橋線(本四備讃線)の児島〜宇多津《うたづ》と予讃線の高松〜松山を合計すると、営業キロが200キロを超える。この距離は、JR四国全線の1／4弱に相当する。岡山・高松・松山を結ぶ輸送は、JR四国の柱になり得るのだ。

JR四国にとって、瀬戸大橋線の効果を予讃線に波及させることは最大の課題だった。そのため、会社発足当初から強化に取り組み、電化と同時に、路線の高速化も行った。最高速度は時速130

キロになり、高松～松山は約２時間半で結ばれた。国鉄時代に比べると劇的な進歩である。

ところが、この区間は高速道路の開通によって大打撃を受ける。そもそも、予讃線は今治を経由するルートなので高松～松山では遠回りになる。一方、高速道路は直線的なルートになり、高速バスの所要時間は特急電車と変わらない。そのうえ、ＪＲ松山駅は市の中心部から少し離れているため、利便性では高速バスに軍配が上がる。

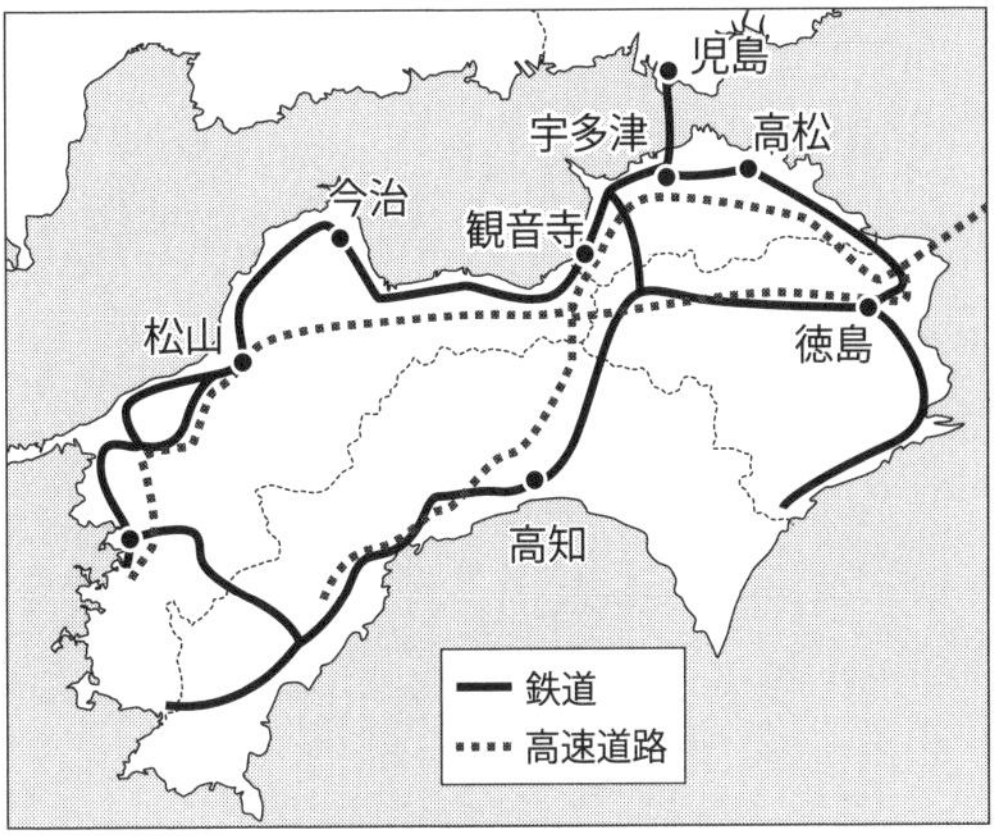

四国の鉄道路線と高速道路

ちなみに、高速バスにはジェイアール四国バスも参入しており、失った乗客の一部はＪＲ四国も取り込んでいる。ただし、共同運行なので、独占できているわけではない。

予讃線の輸送密度（平均通過人員）は、観音寺《かんおんじ》～松山では１万人／日を割り込み、四国の幹線としては弱すぎる。山陽本線の岡山～福山に比べると１／３以下である。

高速バスの衝撃は続く。本州四国連絡橋ルートの一つである神戸・鳴門ルート（明石海峡大橋・大鳴門橋）は、児島・坂出《さかいで》ルート（瀬戸大橋）とは違って鉄道が通らなかった。その代わりに、高速バスが大阪・神戸～徳島を結んだのである。大阪～徳島は3時間弱なので、大阪～高松（新幹線・瀬戸大橋線）の約2時間には及ばないが、料金は3700円と半額だ。徳島は時間的にも金銭的にも大阪・神戸と近くなり、新たな「四国の玄関口」になった。

この神戸・鳴門ルートの開業は、本州と四国を結ぶ輸送を大きく変えた。フェリー・旅客船のシェア低下は決定的になり、鉄道（瀬戸大橋線）のシェアも低下し、自動車が過半数を握ることになった。神戸・鳴門ルートに鉄道が通らなかったことは、四国における鉄道の位置づけを決定づけたのである。

実際、JR四国の鉄道事業の現実は厳しい。同社の中期経営計画では、「2021年度以降、極めて厳しい経営が想定されるため、従来からの延長線上の経営では、現状の鉄道ネットワークの維持が困難となることを想定」と明記された。四国には整備新幹線の計画もなく、根本的な解決策はない。

育たない非鉄道事業

JR九州が上場できたのは、非鉄道事業が鉄道事業の赤字を埋め合わせているからである。一方で、JR四国では非鉄道事業がほとんど育っていない。

高松市の人口は40万人、松山市の人口は50万人を超えており、それなりの規模である。しかし、駅の乗車人員では、高松駅の一日の乗車人員が約1万３０００人、松山駅では７０００人ほどしかない。

九州の大分市は、松山市と高松市の中間に相当する規模だが、大分駅の乗車人員は1万９０００人を超えて、高松駅や松山駅を圧倒する。大分駅には「ＪＲおおいたシティ」があるが、ＪＲ四国には大きな駅ビルがない。駅力を考えれば、当然の結果である。

なぜ、松山駅や高松駅は発展しないのか。

松山市の中心駅と言えば、ＪＲ松山駅ではなく、伊予鉄道の松山市駅である。ＪＲ松山駅から松山市の中心街に行くには、伊予鉄道の路面電車などを利用しなければならない。「坂の上の雲ミュージアム」「道後温泉」などの市内観光地も、伊予鉄道の路面電車が足となる。人気の「坊ちゃん列車」も同社の路面電車だ。

松山市駅は伊予鉄道のターミナル駅で、百貨店の「いよてつ高島屋」もある。同社の営業収益は５６０億円にもなり、地方私鉄でありながらＪＲ四国を超える。

高松駅は、かつては宇高《うこう》連絡船との連絡があったので、今でも海に面した場所にある。高松駅の近くには高松築港《たかまつちっこう》駅（高松琴平電鉄）もあり、その隣には高松城跡もある。高松にとって、海上交通は不可欠だった。
その高松駅（JR）と高松築港駅（高松琴平電鉄）は、歩いて10分もかからない距離である。東京都内であれば、この程度の乗り換えは普通だろう。しかし、高松駅と高松築港駅の間にはアーケードや地下通路がなく、天気が悪いときなどは難儀する。このような状況なので、両駅の乗り換えは積極的に活用されていない。この状況は両社にとってマイナスで、高松築港駅は寂しい駅のままだ。そんな高松琴平電鉄は、2001年に民事再生法を申請した。

高松駅は、周辺が再開発されたが、いまだにガランとした印象である。宇高連絡船がなくなった現在では、港に近いメリットは薄れている。それだけに、高松琴平電鉄との接続が弱いのが悔やまれる。高松琴平電鉄は市の中心部を走っており、その接続は重要である。

このように、高松駅も松山駅も中途半端な場所にあり、これがJR四国にとって致命的な弱点になっている。

JR四国は、主要駅が発展しないだけでなく、不動産開発で大きな失敗をしている。高徳線（高松～徳島）の沿線で分譲住宅地「オレンジタウン」を売り出したが、悲惨な結果になった。

「オレンジタウン」は、高徳線の高速化を発端として始まった事業である。高徳線は単線で、高速化には列車が行き違う場所が必要だった。その一環で、志度駅から下り方面に入った山中にも行き違いの設備が必要になり、これを「オレンジタウン駅」として開業させた。何もないところだが、駅周辺を分譲住宅地にして売り出したのである。1998年のことで、すでにバブル景気は終わった頃だった。

一石二鳥のように思える施策だが、さすがに立地が悪かった。

「オレンジタウン駅」から高松駅までは約30分だが、既述の通り、そもそも高松駅の立地が良くない。高徳線は高松市街を包むように走っているため、高松駅を除くと、市の中心街に駅がない。さらに、高徳線は本数が少なく、通勤時間帯を除けば1時間に1本の頻度である。隣の志度であれば、高松琴平電鉄の琴電志度駅があり、20分に1本の間隔で運行されている。たった一駅だが、利便性がまったく違うのだ。そのうえ、オレンジタウンの周辺には何もない。その結果、いまだに多くの区画が売れ残る結果となっている。

残された希望

絶望的な経営状況だが、明るい話題がないわけでもない。

JR四国の観光列車「伊予灘ものがたり」(©D-s-yama)

２０１４年に「伊予灘ものがたり」、２０１７年に「四国まんなか千年ものがたり」と、後発ながら観光列車をデビューさせた。これが成功したのである。

「伊予灘ものがたり」は、松山から西方の海沿いを走っており、「四国まんなか千年ものがたり」は、土讃線の多度津～大歩危《おおぼけ》を走っている。四国には、沿線風景に恵まれた路線があり、それを活かした施策だ。後発の観光列車にも関わらず、「伊予灘ものがたり」も、「四国まんなか千年ものがたり」も、ほぼ満席状態が続いているという。

ただし、観光列車で経営が上向くものではない。列車本数が限られるため、成功しても会社の数字が変わるわけではない。しかし、利用者が減った路線で、多くの人を集客できたのは意義深い。ＪＲ四国だけでなく、地域にとっても活力になる。

JR四国の観光列車「四国まんなか千年ものがたり」（©暇・カキコ）

ＪＲ四国の観光列車には、注目すべきポイントがある。外部のデザイナーを採用せず、社員がデザインしたことだ。

鉄道のデザイナーとして有名なのは、ＪＲ九州のデザインを手がける水戸岡鋭治氏である。水戸岡氏のデザインは、木材など温かみを感じるものが多く、それだけに飽きもこない。ちなみに、列車火災の悲劇があり、鉄道の世界では木材の使用は避けられていたが、その常識に挑戦したのが水戸岡鋭治氏である。彼がデザインする車両は、現在では京都丹後鉄道、和歌山電鉄など、全国のローカル線にも広まっている。水戸岡氏だけでなく、北陸新幹線、「トランスイート四季島」をデザインした奥山清行氏も有名になった。

そんな中で、ＪＲ四国は観光列車のデザインを社員に委ねた。独自性の強いデザインではないが、観光列車のデザインを社員が行ったのはユニークである。余裕のないJR四国だからこそ実現したことだが、驚くべきことだ。

JR四国の取り組みは失敗例が目立っていただけに、観光列車の成功体験は大きかった。

もう一つ、JR四国に限らず、四国にとって明るい話題がある。訪日観光客の地方シフトを取り込めたのである。有名な観光地や大都市を訪れた訪日観光客は、もっとローカルな場所を求める。それが四国に及んだというわけだ。

観光列車の好調にも見られるように、四国には地方の魅力が溢れている。香川県だけを見ても、島全体にアート作品が点在する直島《なおしま》があり、映画「二十四の瞳」の舞台となった小豆島《しょうどしま》にはオリーブ園や美しい自然がある。「うどん」が楽しめるというのも重要な要素だ。四国は、有名な観光地には恵まれないかもしれないが、関西からのアクセスも含めて、非常に魅力的な土地なのだ。

2018年3月から、訪日観光客向けの四国広域鉄道パス「ALL SHIKOKU Rail Pass」に小豆島フェリーと小豆島オリーブバスを加えた。このパスは売れ行きが急増していたが、さらに使い勝手を良くした。

数年前まで、ＪＲ四国は悲惨な印象が強かった。

鉄道事業は事業として成り立たず、非鉄道事業は育たない。そんなＪＲ四国から漏れてくるのは、高速道路や少子高齢化など、外部環境への恨み節ばかりだった。新幹線が開業する計画はないが、新幹線だけが頼みの綱だと言わんばかりの絶望感である。

もちろん、ＪＲ四国を取り巻く環境は根本的に変わっていない。安全を保ちながら鉄道運行を続けるには、同社の努力だけでは限界がある。

そんな中でも、観光列車が成功するなど、ＪＲ四国のイメージが向上したことは意義深い。企業イメージの向上により、非鉄道事業でも新たな展開が起きる可能性がある。ようやく、ＪＲ四国にも希望を抱けるようになってきた。

第4章

大手私鉄の戦略（関東）

土地と株を買い占める

ＪＲとは異なり、大手私鉄には創業からのダイナミックな歴史がある。鉄道路線を広げるだけでなく、レジャー施設やホテルを全国に展開して、東急は北海道にも進出し、西武のスキー場も全国に広がる。

日常を支える鉄道と、非日常を彩るレジャーは、投機的であるところが共通する。

現在では、鉄道建設だけでなく、新駅の開業ですら公的資金がつぎ込まれる。しかし、鉄道の黎明期には、出資者を募り、巨額な金を投じて鉄道を開業させた。鉄道事業が成功すれば、沿線の住宅分譲、百貨店、スーパーなど、事業の規模は延々と拡大する。

ちなみに、東急の前身である田園都市株式会社は、１９１８（大正7）年に資本金50万円で創業したが、２０１８年度末現在の東京急行電鉄の資本金は１２００億円を超える。

都心へのアクセスが向上すれば沿線価値が上昇するため、大手私鉄では、自社で路線を敷設するだけでなく、他の鉄道会社の株を買い占めて路線網を広げた。東急の鉄道路線は東京西部から神奈川にかけて網のように広がり、北関東では東武鉄道が次々に鉄道会社を取り込んだ。東武鉄道の現在の営業キロは４６３・３キロにもなる。

西武の堤康次郎《つつみやすじろう》は、鉄道ではなく土地の買収からスタートしており、軽井沢の沓掛《くつかけ》地区で60万坪（東京ドーム42個分）の土地を買収して、別荘や観光地を開発した。

大手鉄道会社の創業は、大正時代に遡るものが多い。鉄道により、住宅難の都心から、環境の良い郊外への移住が可能になったのだ。

鉄道は人々の生活を変えた。現代に置き換えると、インターネットによって生活を一変させたIT企業のようだ。時代の旗手となったことが急成長の理由で、その中でも、東急や西武では、創業者の支配欲、独占欲が尋常ではなく、圧倒的な存在だった。そうなると、自ら買収先を求めるだけでなく、株の買収を持ち掛けられることもあり、ますます拡大が進む。

事業が大きくなれば、より多くの資金調達が可能になる。西武の場合、後述する総会屋利益供与事件や有価証券報告書虚偽記載事件の直前（2003年度末時点）には、グループ16社の銀行借入残高が1兆4000億円を超えた。自治体の地方債残高に匹敵する規模である。

乗客の増加が鉄道会社を苦しめる

巨大な投資を伴う事業は、莫大な利益をもたらし、さらなる事業投資に結びつく。一方で、経営が傾いたときには、規模が大きいだけに撤退は容易ではなく、まして、人々の生活に直結する鉄道事業では、撤退どころか継続的に投資をしなければならない。

戦後、経済成長に伴って東京などでは住宅難となり、沿線で住宅開発が急ピッチで進んだ。政策的にニュータウンの建設が進められたが、鉄道会社もニュータウンの開発を進める。東急が開発した東急多摩田園都市は、総面積約5000ヘクタールである。これは東京ドーム1069個分という圧倒的な規模だ。

こうなると、鉄道の輸送力も増強しなければならない。1965年当時の通勤ラッシュは殺人的で、東武東上線の北池袋～池袋の混雑率は262%、西武新宿線の下落合～高田馬場は247%にまで悪化した。立っていることもままならない混雑である。

輸送力増強の第一は車両を長大編成化することだが、それには駅ホームの延長が必要で、都心では用地確保に苦労した。本線上の設備だけでなく、車両基地なども大型化しなければならない。現在、京浜急行電鉄は本線で18m級車両を12両編成で運行し、京王線では20m車両を10両編成で運行するが、これは設備投資を続けた結果である。

当時、金利が高いからと言って、投資を先延ばしにすることはできなかった。1973年には、第一次オイルショックにより消費者物価指数が23％も上がり、鉄道運賃の値上げも必須になる。しかし、それによって鉄道会社が暴利を得ることは社会的に許されなかった。

この時期、大手鉄道会社も苦境に陥っている。本業の鉄道事業が苦しくなる中で、経営を支える柱を求めて様々な事業開発を進めた。

経営を盤石にする「土地」

大手私鉄の原点は、土地を仕入れて鉄道を敷設したことである。沿線に人が集まれば、鉄道事業は成功し、沿線やターミナル駅周辺の土地の価値が上がる。そこに自社の土地があれば不動産賃貸で莫大な利益を得る。また、百貨店、スーパー、ホテルなどを経営しても利益が得られる。鉄道会社の経営を盤石にするのは、利益を生む土地に他ならない。

鉄道路線は短いが、横浜駅西口の土地で莫大な利益を得る相模《さがみ》鉄道（↓P178）や、新宿副都心に巨大なホテルを構える京王電鉄（↓P168）、渋谷に多くのビルを持つ東急電鉄（↓P137）が良い例だ。

一方で、多角化した事業は不況に弱く、レジャー産業は流行に左右される。これらの関連事業は成長には不可欠だが、経営が悪化すると本体を揺るがす事態にもなる。厳しい時代を生き抜いてきた鉄道会社は、自らの沿線に回帰して、土地で儲ける事業構成を目指す。

東京急行電鉄

街づくりのエキスパート

注）2019年9月2日に「東急株式会社」に商号変更し、鉄軌道事業については、同年10月1日より「東急電鉄株式会社」が事業を運営する

基礎情報（2019年3月期）

▼営業収益——1兆1574億円　▼営業利益——819億円

▼売上高営業利益率——7.1％　▼社員数（本体）——4666人

▼営業キロ——162.2キロ（グループ全体）、104.9キロ（東急のみ）

▼主な路線——東京急行電鉄…東横線、目黒線、田園都市線、大井町線、池上線、東急多摩川線、こどもの国線、世田谷線
連結対象…伊豆急行線、上田電鉄別所線

▼主な子会社——伊豆急行、上田電鉄、東急バス、じょうてつ、網走交通、仙台国際空港、東急百貨店、ながの東急百貨店、東急ストア、東急カード、東急エージェンシー、東急レクリエーション、東急ウェルネス、東急ホテルズ、東急パワーサプライ、イッツ・コミュニケーションズ、スリーハンドレッドクラブ

▼主な関連会社——東急不動産、東急リバブル、東急コミュニティー、東急建設、世紀東急工業

東急が運営する渋谷ヒカリエの開業1周年を記念した「Shibuya Hikarie号」（©廃回灰）

買収による巨大化

私鉄の中でも、東急電鉄は別格である。

同社のルーツは大正時代に遡る。実業家である渋沢栄一《しぶさわえいいち》がイギリスに倣い、緑豊かな住宅地（田園都市）と、その交通手段として鉄道建設を計画した。これが後に東急目蒲線《めかま》（現在の東急多摩川線他）となり、そのために設立されたのが目黒蒲田電鉄である。

その目黒蒲田電鉄には、渋沢栄一の後押しで五島慶太《ごとうけいた》が参画する。五島は鉄道院の役人だった人物で、すでに武蔵電気鉄道（東急東横線のルーツとなる鉄道会社）の経営を掌握していたが、当時は東横線も開業する前で、まずは目蒲線の開業を優先させて、その利益で東横線を開業させることになった。

田園都市の街づくり、需要のある鉄道路線、豪腕な経営者、こうして東急は世の中を変える存在となる。積極的に他の鉄道会社を買収して、池上線の前身である池上電鉄、玉川電鉄などを取り込んで路線を延ばした。

玉川電鉄は田園都市線の前身で、当時は多摩川の砂利輸送も行っていた。今では信じられないが、渋谷駅の西口バスターミナルは玉電の砂利置き場だった。

渋谷駅の歴史は、100年前の1920（大正9）年から始まる。この年、山手線が高架化されて、恵比寿寄りにあった渋谷駅が現在の場所に移転した。国鉄は山手線だけだが、市電や玉電の開業が続き、1927（昭和2）年に現在の東横線が開業する。1934（昭和9）年に東横百貨店が開業し、1938（昭和13）年に東急が玉電を買収して、渋谷は東急の街となる。

五島慶太は、「強盗慶太」の異名を持つだけに、世間に白い目で見られる買収も多かった。その筆頭が、東京地下鉄道の株に買収を仕掛けて、「地下鉄の父」である早川徳次《はやかわのりつぐ》を追い出したことである。東京地下鉄道は、日本で最初に地下鉄を開業させた会社で、現在の銀座線の浅草～新橋で開業していた。その後、新橋から品川へ延伸する計画だったが、資金難のため実現しなかったが、一方で、五島慶太が名を連ねる東京高速鉄道が渋谷～新橋で地下鉄を開業させる。

五島慶太

未開業だった東京地下鉄道の新橋～品川だが、現在の京浜急行電鉄との共同出資によって計画が再開される。しかし、五島と早川の関係は悪化していたのでこの計画は東京高速鉄道にとって好ましくなかった。そこで、五島は京浜側の株を買い進めて、東京地下鉄道の経営まで手中に収めた。

早川は、ロンドンの視察から東京に地下鉄を開業させることの必要性を悟り、大変な苦労をして日本に地下鉄をもたらした男である。その早川を地下鉄から追い出したのだ。

その後、営団地下鉄(現在の東京メトロ)が設立されて、東京の地下鉄は民間から取り上げられた。五島が手中に収めた地下鉄も、最後は官の手に落ちたのだ。

現在、東京メトロ財団が運営する地下鉄博物館には東京地下鉄道と東京高速鉄道の車両が並んで展示されている。ただし、地下鉄の父として称えられるのは早川であり、早川の胸像は博物館に置かれたが、五島の胸像は置かれなかった。

東急の拡大は、これだけに留まらない。

戦争を挟んだ一時期、江ノ島電鉄、神中《じんちゅう》鉄道、相模鉄道、静岡鉄道、京浜電鉄、小田急電鉄、箱根登山鉄道、京王電軌まで合併して、東急は「大東急」とも呼ばれた。その支配地は遠く静岡にまで至ったのである。

これには、陸上交通事業調整法という法律によって政策的に統合が促進されたことが背景にあるが、東急電鉄が発行した外史では、この法律を五島慶太が「格好の錦の御旗にした」として、彼の拡大欲が成せる技だったと正直に明かしている。

鉄道だけではなく、東急は老舗百貨店の白木屋《しろきや》を買収している。今のコレド日本橋は、かつて白木屋日本橋店だったところで、日本の百貨店を代表する存在だった。それを東急が買収して、東急百貨店日本橋店にしたのだ。白木屋は江戸時代から続く老舗だが、1956（昭和31）年に東急グループに入った。

戦前から映画館を経営していた東急は、映画製作、配給へと事業を拡大して、東映を生み出した。東宝は阪急によって生み出されたが、東映は東急から誕生した会社である。映画業界でも鉄道会社が大きな役割を果たしたのだ。東映は、戦後になると経営不振に陥り、五島慶太が個人保証するなど本体をも揺るがしかねない事態になったが、東急電鉄から大川博が社長に入り、見事に復活を遂げる。

こうして東急は巨大になったが、五島慶太は1959（昭和34）年に亡くなり、後を継いだ息子の五島昇は、その整理にも追われることになった。

慶太が死の直前まで手掛けていた東洋精糖の買収は、本業とのかかわりが薄いために撤退した。再建を果たした東映も、1964（昭和39）年に東急グループから外れる。軽四輪トラックなどを製造していた東急くろがね工業は、1962（昭和37）年に倒産した。五島昇の代になっても、ホテル事業の展開、多摩田園都市の開発、国内外の観光開発などでグループは大きく拡大したが、拡大一本槍ではなくなったのである。

リゾート開発と航空業界への進出

東急電鉄の子会社には、伊豆、上信越、北海道の鉄道・バス会社（伊豆急行、上信電鉄、じょうてつなど）がある。高度経済成長の頃、東急の事業は全国に展開しており、現在でも、東急のホテルチェーンやリゾート施設が全国に広がる。地方鉄道やバス会社が東急グループにあるのも、当時の名残である。

東急は、北海道への進出を機に、航空会社まで事業を広げた。北日本航空の株を取得して、後に日東航空、富士航空、さらには東亜航空とも合併させて東亜国内航空を誕生させた。事業を全国に展開しながら、その交通手段も確保したのだ。ちなみに、東亜国内航空は、JASを経てJALに合流し、現在では東急の手から離れている。

東急グループには製造業も多かったが、ほとんど手放した。2012年には、鉄道車両製造をJR東日本に事業譲渡している。

2018年3月末現在、それでも東急電鉄の子会社は133社ある。連結対象だけでなく、東急グループ全体となると、膨大な企業群になる。

街づくりへの回帰

東急電鉄は、2012年に大きな節目を迎えた。東横線の渋谷駅を地下に移し、東京メトロ副都心線との直通運転を始めた。東急にとって渋谷が終点ではなくなったが、これが号砲となり、渋谷駅周辺の再開発が本格化する。渋谷ヒカリエも開業させたのも、前述の鉄道車両製造の事業を売却したのも、この年である。

東急は、あらためて原点に回帰しているように見える。

2018年度からの3年間で、成長投資の半分近くに相当する1200億円を渋谷開発に投じる。同社は渋谷に多数の物件を持っており、この再開発により100年先まで安泰になる。

渋谷と同じく重要なのは、沿線の開発だ。東急電鉄のルーツは「田園都市」の鉄道で、それだけに同社の街づくりは卓越している。2015年には、二子玉川で「自然環境と共存した街づくり」を完成させた。これは、商業施設、オフィス、住宅街区などを集めた都内最大級の再開発である。

東急電鉄の不動産事業は、2018年度決算で営業収益が2033億円、営業利益は319億円にもなり、同社の交通事業を上回る。しかも、この数字には東急不動産が含まれていない。東急電鉄は、東急不動産ホールディングスの主要株主ではあるが、親会社ではないのだ。

街づくりでは、ベトナムでの街づくり、オーストラリアでの土地開発、タイでの住宅事業と、かつてのリゾート開発とは異なる形で海外進出を果たした。また、かつて航空事業を担っていた東急は、空港の民間委託にも参画している。その第一号である仙台空港で成功すると、続いて富士山静岡空港の運営も受託する。

渋谷と沿線によって莫大な収益を上げて、他社には真似できない総合力で戦略的な投資も行う。鉄道の営業キロは100キロ程度だが、その収益は1兆円を超える。

小田急電鉄

新宿から箱根に延びる沿線力

基礎情報（2019年3月期）

▼営業収益――5267億円　▼営業利益――521億円

▼売上高営業利益率――9.9%　▼社員数（本体）――3792人

▼営業キロ――146.7キロ（グループ全体）、120.5キロ（小田急のみ）

▼主な路線――小田急電鉄…小田原線、多摩線、江ノ島線
箱根登山鉄道…強羅線、早雲山鋼索線
江ノ島電鉄…江ノ島電鉄線

▼主な子会社――箱根登山鉄道、江ノ島電鉄、箱根登山バス、小田急バス、立川バス、東海自動車、小田急箱根高速バス、小田急交通、箱根観光船、箱根ロープウェイ、小田急箱根ホールディングス、小田急百貨店、小田急商事、白鳩、小田急不動産、小田急リゾーツ、ホテル小田急、ホテル小田急静岡、ホテル小田急サザンタワー、UDS、小田急レストランシステム、ジローレストランシステム、小田急トラベル、小田急保険サービス

小田急の特急車両
ロマンスカー70000形GSE車
（©Cfktj1596）

大東急が産み落とした会社

小田急電鉄の路線は特徴的である。小田原線の区間は新宿〜小田原だが、ロマンスカーは箱根湯本まで乗り入れる。箱根は、他の観光地を圧倒する集客力を持ちながら、日本最大の繁華街である新宿と結ばれている。このような事例は他にない。

小田原〜箱根湯本の区間は、小田急電鉄の車両が走るが、箱根登山鉄道の路線である。運行面からすると違和感があるが、箱根登山鉄道は小田急電鉄の子会社なので一体化していても不思議ではない。。

箱根登山鉄道は、箱根湯本から強羅《ごうら》までの「箱根登山電車」と、早雲山《そううんざん》までのケーブルも運営している。箱根登山電車は車窓からの眺めが魅力的で、登山電車というのも珍しく、これ自体が一つの観光ポイントになっている。

早雲山からは、箱根ロープウェイで箱根の空中散歩が楽しめる。途中の大涌谷《おおわくだに》は噴煙が湧き上がる絶景ポイントで、名物の黒たまごがある。箱根観光のハイライトだ。

大涌谷から箱根ロープウェイに戻ると、山を越えて、芦ノ湖《あしのこ》に至る。芦ノ湖と言えば、海賊船の形をした遊覧船が定番で、ロープウェイが到着する桃源台から乗船できる。海賊船で芦ノ湖を縦断

小田急電鉄の車両（©HonAtsu）

すると、箱根湯本までバスで戻れる。

箱根ロープウェイも、海賊船（箱根観光船）も、バス（箱根登山バス）も、すべて小田急電鉄の子会社である。箱根には小田急電鉄のホテルもあり、箱根観光のすべてが小田急グループで完結する。

小田急電鉄は、ロマンスカーを含めて、箱根観光を牛耳っているように見える。しかし、箱根登山鉄道が小田急グループになるのは、箱根の歴史に比べると比較的新しい。

既述のとおり、戦時中、東京から南西部に位置する鉄道会社は、すべて「大東急」に取り込まれた。その大東急が解体されて、もともと東急電鉄の子会社だった箱根登山鉄道が小田急電鉄に分割された。同時に、もともと小田急電鉄の路線だった井の頭線が京王電鉄に移されている。大東急を経て、関東私鉄は再編され

箱根登山電車

たのだ。路線の歴史は古くても、会社としての歴史は比較的新しい。

まとまり過ぎている事業

箱根は、小田急電鉄にとって欠くことのできない存在で、継続的な投資が続いている。しかし、小田急電鉄の営業利益の約半分は鉄道事業であり、小田急サザンタワー、新宿ミロードなど、不動産業が約1／4を占めている。つまり、ほとんどの事業は小田急線沿線に集中している。

そんな小田急電鉄は、構想から半世紀を経て、2018年に小田急線の複々線化事業を完成させた。これにより、混雑緩和、所要時間の短縮、千代田線直通列車の増発を実現し、輸送を大幅に改善させた。小田急電鉄の根幹事業が強化されたわけだ。

一方で、小田急電鉄の事業はまとまり過ぎているようにも見える。これは、バブル崩壊後の「選択と集中」の結果だ。それ以前は、向ヶ丘遊園、小田急御殿場ファミリーランド、小田急花鳥山脈など、余暇・レジャーの割合が高く、多角的に事業を拡げていた。いずれも、経営悪化により閉園している。

小田急電鉄は、複々線化事業を完了させて、既存事業の強化は節目を迎えている。これからは新規事業にも力を入れなければならないが、それは簡単なことではない。

新しいチャレンジとしては、沿線外へホテルの出店を始めているが、他社も同じことをしており、目新しさがない。

目新しいところでは、女性向けインナーウェアのインターネット通販の「白鳩《しろはと》」を買収している。小田急百貨店、スーパーマーケット(Odakyu OX)を運営しているため、相互補完できるとの判断だろう。ただ、小粒な話である。

小田急電鉄は、バブル崩壊後のリストラには成功したが、新規事業を育てられていない。今でも、成長の「種」を探しているという実態である。

西武ホールディングス

プリンスホテルとレジャーによって築かれた王国

←

基礎情報（2019年3月期）

▼営業収益――5659億円　▼営業利益――733億円

▼売上高営業利益率――13.0%　▼社員数（本体）――3660人

▼営業キロ――265.5キロ（グループ全体）、176.6キロ（西武鉄道のみ）

▼主な路線――池袋線、西武秩父線、西武有楽町線、豊島線、狭山線、山口線、新宿線、西武園線、国分寺線、拝島線、多摩湖線、多摩川線、駿豆線（伊豆箱根鉄道）、大雄山線（伊豆箱根鉄道）、本線（近江鉄道）、八日市線（近江鉄道）、多賀線（近江鉄道）

▼主な子会社――西武鉄道、西武バス、伊豆箱根鉄道、伊豆箱根バス、近江鉄道、横浜アリーナ、プリンスホテル、横浜八景島、西武プロパティーズ、西武ライオンズ、西武建設、多摩川開発、StayWell Holdings Pty Ltd、ハワイプリンスホテルワイキキLLC、マウナケアリゾートLLC、西武建材、西武造園、豊島園

▼主な関連会社――池袋ショッピングパーク

2019年3月に運行を開始した
西武鉄道の特急「ラビュー」
（©西増）

莫大な資産を築いたディベロッパー

創業者である堤康次郎は、土地への執念が凄まじかった。近江の農家の出だった彼は、1917（大正6）年に軽井沢で土地を手に入れると、道路を敷設し、別荘地として売り出した。また、1920（大正9）年には、「箱根土地」を設立して、箱根でも別荘地を売り出した。道路も敷設し、駿豆《すんず》鉄道を敵対的買収で手に入れて、伊豆・箱根のバス路線を拡充させたのである。この2つが、堤康次郎と西武グループの原点である。

堤康次郎

彼は、完全なディベロッパーだ。同じディベロッパーでも、鉄道事業を起点とした東急とは異なり、鉄道事業が土地開発の延長線上にあった。彼が現在の池袋線、新宿線を経営するようになるのは、戦前・戦中の頃である。他の大手私鉄に比べるとかなり遅い。

戦争が終わると、康次郎は皇籍離脱した旧宮家などから土地を買い取り、プリンスホテルへと変貌させた。彼の息子である堤義明も、大磯ロングビーチを始めとして、苗場スキー場などのレジャー施設を開発して、球団（西武ライオンズ)を買収した。彼は、アメリカの雑誌から「世界一の大富豪」として取り上げられるまでになる。

現在でも、西武グループの不動産は莫大である。品川プリンスホテル、グランドプリンスホテル高輪、新横浜プリンスホテルなど、列挙できないほどのホテルがあり、ハワイにもマウナケアビーチホテル、ザ・ウェスティン・ハプナ・ビーチ・リゾートがある。ゴルフ場も、川奈ホテルゴルフコース、大箱根カントリークラブ、軽井沢72ゴルフなど数知れず、スキー場も、万座、志賀高原、富良野など、驚くほどの数だ。横浜・八景島シーパラダイス、箱根園、西武園ゆうえんち、多摩川競艇場まで西武グループである。

堤王国の崩壊と西武グループの再生

これだけ会社を大きくできたのは、それだけ資金調達ができたということである。ところが、2004年、有価証券報告書の虚偽記載が明らかになり、その信用は地に落ちる。上場していたが、実質的には堤家が支配する王国で、それを隠していたのだ。有利子負債は1兆3500億円(同年度末)と、地方債残高にも相当する規模となり、破綻の危機に陥った。一企業の危機だけでなく、日

西武鉄道のイメージ車両「スマイルトレイン」。左下はシンボルマークの拡大図

本経済への影響も危惧される大事件だった。

当時のドンである堤義明は逮捕されて、堤一族は経営から離れた。代わりに西武鉄道の再生を請け負うのは、みずほ銀行から転じた後藤高志である。彼は、「峻別と集中」で経営再建を果たす。

企業イメージも、それまでとは正反対なものを打ち出した。シンボルマークは、果実のような丸い形にして、スローガンを「でかける人を、ほほえむ人へ。」とした。西武鉄道の新型車両のプロジェクトには、女性を参画させて、スマイルトレイン30000系車両を送り出した。

西武グループの過去を知らない人たちは、可愛らしい印象に和まされて、違和感もないだろう。

堤康次郎は、社員から「大将」と呼ばれて、恐れられながらも、慕われていた。死後は、宗教家のような巨大

西武鉄道が展開する駅ナカ施設「Emio」（©Ichiken-home）

な墓に入り、社員が交代で墓守をした。西武とは、そういう会社である。

そんな彼は、女性に関しては理性がなく、多くの異母兄弟を作り、妻妾を含めて多くの人を苦しめてきた。そんな西武鉄道で、女性の活躍によりスマイルトレインが誕生したのだ。

莫大な資産で再びガリバーとなる

多くの資産を売却して、有利子負債を9000億円にまで圧縮した西武グループだが、それでも多くのホテル、レジャー施設を維持している。厳しい時期を乗り越えて、現在では、インバウンドの急増などで攻勢に出ている。ホテルの改装を進めて、外資系ホテルチェーンとの提携も実現させた。733億円の営業利益のうち、1／4はホテル・レジャー事業が占めており、その割合は他社に比べて非常に高い。

西武鉄道の沿線は、東急電鉄や小田急電鉄のような高所得世帯が集まるところではない。しかし、「あれも、これも、かなう。西武鉄道」と、独自のイメージを打ち出した。ディベロッパーとして、「金」や「力」を彷彿とさせる西武だったが、住民目線のコンセプトを出したのだ。JR東日本に倣い、駅ナカ商業施設の「Emio《エミオ》」にも積極的だが、非日常を演出してきた西武のイメージからすると、これも不思議な感じがする。

堤王国が築いた莫大な資産を受け継ぎながら、西武は完全に堤王国から脱却した。

東武鉄道

根津家3代で築いた巨大企業

基礎情報（2019年3月期）

▼営業収益――6175億円　▼営業利益――673億円

▼売上高営業利益率――10.9%　▼社員数（本体）――3510人

▼営業キロ――488.7キロ（グループ全体）、463.3キロ（東武鉄道のみ）

▼主な路線――伊勢崎線、日光線、亀戸線、大師線、野田線、佐野線、桐生線、小泉線、宇都宮線、鬼怒川線、東上線、越生線、上毛線（上毛電気鉄道）

▼主な子会社――上毛電気鉄道、朝日自動車、東武バス、東武運輸、東武デリバリー、東武レジャー企画、東武興業、東武トップツアーズ、東武食品サービス、東武タワースカイツリー、東武タウンソラマチ、東武ホテルマネジメント、東武不動産、東武百貨店、東武宇都宮百貨店、東武建設、東武谷内田建設、東武ビルマネジメント、東武エナジーサポート

▼主な関連会社――東武ストア

東武鉄道の代表的な車両
特急「スペーシア」

三代続く根津家がトップを占める

東武鉄道は、関東で最長の営業キロ（463・3キロ）を誇る鉄道会社だが、メインの伊勢崎線は浅草を起点駅にしており、山手線とは接続していない。都内では存在感が薄いが、館林、東武日光、鬼怒川温泉、東武宇都宮、伊勢崎と、北関東を広くカバーする。

この巨大企業の礎を築いたのは「鉄道王」の根津嘉一郎《ねづかいちろう》（1860〜1940）である。彼は、経営危機に瀕していた東武鉄道を立て直し、その手腕から多くの鉄道会社の経営に携わった。東上線の前身である東上鉄道も、その初代社長が彼である。池袋を起点とする東上線は伊勢崎線などとの接続がないが、根津嘉一郎との関わりによって東武鉄道の路線となった。

初代・根津嘉一郎

嘉一郎の死後は、長男である二代目・根津嘉一郎（1913〜2002）が社長となり、現在では、三代目の根津嘉澄《よしずみ》が社長を務めている。ちなみに、東急の五島家、西武の堤家が経営トップに君臨したのは二代目までで、根津家の例は稀有である。

五島と同じように、根津も美術館や学校などの文化・教育分野でも足跡を残した。初代・根津嘉一郎が設立した武蔵中学校・高等学校は、私立男子校の「御三家」の一つとなり、東大合格者を数多く輩出した。鉄道だけでなく、根津が果たした役割は大きい。

武蔵中学校・高等学校入口。最寄り駅は西武池袋線にある

遅れた沿線開発

北関東に路線を広げた東武鉄道だが、浅草が起点駅というのが難点だった。悲願である都心への乗り入れは、1962年の営団地下鉄（現東京メトロ）日比谷線との相互直通運転開始によって実現する。都心乗り入れによって沿線開発は進んだが、日比谷線を挟んで反対側にある東急電鉄に比べると、かなりの遅咲きである。

鉄道会社にとって、沿線人口の増加は喜ばしいことだが、輸送量を増やす責務を負うことにもなる。駅のホームを延ばし、車両基地も増強するなどして、編成両数を増やさなければならない。しかし、

1970年代にはオイルショックで物価が高騰して、設備投資が重くのしかかった。公共性の高い鉄道では、物価は上昇しても運賃値上げは容易ではない。輸送量は増えても儲からず、鉄道経営は苦しくなる。

この頃の東武鉄道を支えたのは開発事業だった。不動産事業では、沿線で分譲マンションを販売し、沿線外でもニュータウンや別荘地を開発した。レジャー関連では、現在ではほとんどが閉鎖しているが、ボウリングブームに乗って東武ボウルを18ヶ所もオープンさせている。今でも、東武動物公園、東武ワールドスクウェアの他に、ゴルフ場が7施設、東武スポーツクラブなどのスポーツ施設が14施設、コートヤード・マリオット銀座東武ホテルなどのハイクラスのホテルが15施設もある。海外進出が乏しいため目立たないが、東武鉄道も立派なディベロッパーである。

東武グループが運営する「コートヤード・マリオット銀座東武ホテル」

現在、東武鉄道グループは運輸業だけで400億円以上の営業利益を稼ぎ、全

スカイツリーを背に走る東武伊勢崎線（スカイツリーライン）の「りょうもう」

体の6割以上を占めている。経営が苦しい中でも、1973年には北千住～竹ノ塚を複々線化させるなどの投資を続けたことで、今では鉄道で大きな果実を得ている。

スカイツリーの開業

2012年の東京スカイツリー開業により、東武鉄道の知名度は上がり、経営面でも大きな柱となった。現在、ホテル事業の営業利益は10億円にも満たないが、スカイツリー関連だけで48億円にもなる。

スカイツリーの開業が契機となって、伊勢崎線の名称はスカイツリーライン（東武動物公園駅まで）となり、野田線もアーバンパークラインと名称を変えた。ここからカタカナが増えて、2017年4月にデ

2017年４月より運行している特急「リバティ」（©Nyohoho）

ビューした新型特急の名称はリバティとなる。この列車は併結・分割可能な3両編成で、特急の増発や、会津方面や東武アーバンパークライン（野田線）に直通する特急を実現している。

根津家3代で築き上げた東武鉄道は、企業イメージを大きく変えてきた。それでも、経営理念だけは「奉仕」「進取」「和親」と老舗らしさを残している。

京成電鉄

夢の国の大株主

基礎情報（2019年3月期）

▼営業収益――2616億円
▼営業利益――316億円

▼売上高営業利益率――12.1％
▼社員数（本体）――1665人

▼営業キロ――152.3キロ（関連会社を除く）

▼主な路線――本線、成田空港線、東成田線、押上線、金町線、千葉線、千原線

▼主な子会社――北総鉄道、千葉ニュータウン鉄道、筑波観光鉄道、京成バス、千葉交通、千葉中央バス、千葉海浜交通、千葉内陸バス、成田空港交通、ちばフラワーバス、ちばレインボーバス、東京ベイシティ交通、ちばグリーンバス、京成タウンバス、ちばシティバス、帝都自動車交通、京成ストア、水戸京成百貨店、京成バラ園芸、ユアエルム京成、京成不動産、京成ホテル、イウォレ京成、京成エージェンシー、京成トラベルサービス、京成建設、京成ドライビングスクール、京成オートサービス

▼主な関連会社――新京成電鉄、関東鉄道、小湊鐵道、成田空港高速鉄道、東京空港交通、オリエンタルランド

京成の特急「スカイライナー」に運用されるAE型（2代）（©E176）

千葉県民も知らない京成百貨店

成田空港への輸送を担っているが、京成電鉄に洗練されたイメージはない。千葉県の中でも、新浦安や海浜幕張などの新しくて人気のある街は、ＪＲ京葉線の沿線にある。ＪＲ総武線は、西船橋、錦糸町、両国、秋葉原などの繁華街を貫くメインルートだ。一方の京成線は、街の中心部から離れた「裏ルート」のような印象で、沿線の魅力に欠ける。

茨城県水戸市にある京成百貨店

京成電鉄は、鉄道以外でも企業イメージをアップさせるものが乏しい。

西武には球団があり、東急電鉄には渋谷の商業施設があり、東武鉄道、小田急電鉄や京王電鉄には看板となる百貨店がある。京成電鉄にも百貨店はあるが、都内や沿線ではなく、水戸に一件あるだけ。ホテルも、京成千葉中央駅にある京成ホテルミラマーレ以外は、沿線に目立ったものがない。千葉県民ですら、京成百貨店や京成ホテルの存在を知らない人がほとんどである。

これは理由がある。かつて、京成百貨店、京成ホテルは上野にもあり、沿線や沿線外でも幅広く事業展開をしていたが、高度経済成長期が終わる1970年代から鉄道、バス事業が赤字に転落して、それを穴埋めするべく、事業の多角化を急激に進めた。その後、経営危機に陥り、百貨店やホテルなどの閉鎖を余儀なくされたのである。

成田空港が金を生むまで

京成電鉄は、その名の通り、東京と成田を結ぶ鉄道として誕生した。戦後は、旧鉄道連隊の演習線(津田沼~松戸)の払い下げを受けて、新京成電鉄を設立している。このとき、堤康次郎が率いる西武鉄道と争ったが、地元の京成電鉄が競り勝った。

さらに、1960年代の都営浅草線の開業によって、京成電鉄、京浜急行線を含めた3社相互直通運転が始まり、都心乗り入れの悲願を達成している。京成電鉄と京浜急行電鉄は軌間が異なっていたが、京成電鉄が軌間を1372ミリメートルから1435ミリメートルへと変更して、京浜急行電鉄に合わせた。悲願実現のため、大工事を成し遂げたのだ。

成田空港に向かう京成アクセス特急（©Keikyuzuki1994）

想定外だったのは成田空港である。同社は、1972年には空港新線の工事を終えて、特急電車の車両の納入も終えていたが、成田空港の開港は1978年になり、大幅に待たされた。鉄道やバスが赤字に転落する中、このことが同社をさらに追い詰めた。

現在、京成電鉄本体の旅客運輸収入は656億円だが、そのうち約1／3が成田空港を発着する輸送で、しかもインバウンドによって右肩上がりである。苦しい時代はあったが、今では金のなる木として成長している。

東京ディズニーランドが金を生む

ディズニーランドを日本に誘致しようと最初に考

上野と成田空港を結ぶ京成電鉄のスカイライナー一番電車のテープカットをする川崎千春（提供／朝日新聞社）

えたのは、後に京成電鉄の社長となる川崎千春だった。川崎の熱意によってオリエンタルランドは誕生したが、当初は京成電鉄の本社の一画にあった。オリエンタルランドは、浦安の漁師たちへの漁業補償交渉をまとめて、県を説得して埋め立て計画をつくり、米国ディズニー社から誘致を勝ち取った。

この頃（1970年代）、京成電鉄の経営は厳しくなり、オリエンタルランドの社長を兼務していた川崎も、京成電鉄の経営に専念せざるを得なくなった。川崎を失ったオリエンタルランドだが、苦労の末、1983年に東京ディズニーランドを開園させた。開園の式典では、来賓で訪れた川崎が涙ぐんだという。

京成電鉄は、高度経済成長期が終焉を迎える頃、事業の多角化を急いで失敗したが、新しい時代も切り開いた。東京ディズニーランドの誕生により、日本のレジャーは大きく変わった。遊園地などのレジャー事業を持つ鉄道会社は、時代への対応を迫られることになる。

京成電鉄は、今でもオリエンタルランドの大株主で約20％の株を持つ。京成電鉄の営業利益は316億円で、大手私鉄の中では少ない方だが、オリエンタルランドが持分法適用関連会社なので、営業外収益が約200億円にもなる。トータルの経常利益で比較すると、京成電鉄は小田急電鉄と肩を並べる。他の鉄道会社にはない大きな果実を手にした結果だ。

京王電鉄

「通勤通学の足」は京王プラザホテルを誇る

基礎情報（2019年3月期）

▼営業収益――4475億円　▼営業利益――400億円

▼売上高営業利益率――8.9％　▼社員数（本体）――2549人

▼営業キロ――84.7キロ

▼主な路線―― 京王線、高尾線、相模原線、競馬場線、動物園線、井の頭線

▼主な子会社―― 京王電鉄バス、京王バス東、西東京バス、京王自動車、京王運輸、京王百貨店、京王ストア、京王書籍販売、京王パスポートクラブ、京王不動産、京王地下駐車場、リビタ、京王観光、京王エージェンシー、京王プラザホテル、京王プレッソイン、京王レクリエーション、京王設備サービス、京王重機整備、京王建設、京王ITソリューションズ、京王子育てサポート、京王ウェルシィステージ、京王フェアウェルサポート

▼主な関連会社―― 高尾登山電鉄、御岳登山鉄道

2018年2月より運行している
京王ライナー
（©Sho233531）

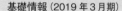

堅実に稼げる通勤通学の足

大手鉄道会社は、通勤通学の足だけでなく、観光地への輸送も担っている。小田急電鉄は箱根と江の島、東武鉄道は日光、東急電鉄には横浜があり、京王電鉄にも高尾山がある。ただ、高尾山は観光地というほどではなく、京王電鉄の役割は基本的に通勤通学の足だ。

地味な鉄道ではあるが、運賃が安く、沿線住民は重宝している。

新宿～八王子／京王八王子では、JRは480円するが、京王線は360円である。相模原線(調布～橋本)では小田急電鉄と競合しているが、新宿～京王多摩センター／小田急多摩センターでは京王電鉄の方が50円も安い。渋谷～吉祥寺も、JRよりも京王井の頭線の方が安い。

それでも、京王電鉄は鉄道事業で116億円の営業利益を出す。他の大手鉄道会社に比べると規模は大きくはないが、運賃を値上げすれば(簡単には抜けぬ伝家の宝刀だが)、この数字は大きくなる。京王電鉄には余力があると言えるだろう。

バス事業でも25億円の利益が出ている。八王子、高尾など、バスに依存しているエリアが多いのも理由の一つだが、これは企業努力の結果である。

新宿の京王プラザホテル本館（©Kakidai）

京王プラザホテル

　沿線に大きな観光地はなく、沿線外にも目立ったレジャー施設はない。ゴルフ場の桜ヶ丘カントリークラブや、大型テニス場の京王テニスクラブが沿線にあるが、規模は限られる。それだけに、不況には強く、堅実的と言えるだろう。鉄道事業でも、

小田急電鉄が複々線を進める中で、同社は複々線に踏み切らなかった。バブル景気でも投機に走らず、その結果、現在の有利子負債は３３８３億円と、会社規模に比べて少ない。会社経営としては、高く評価されている。

　そんな同社だが、営業利益で運輸業が占める割合は１／３ほどで、他の大手私鉄と比較しても関連事業の割合が大きい。実は、同社はホテル業を強みとしている。

　京王プラザホテルは、新宿副都心の高層ビル群の先駆けで、１９７１年に開業した大型ホテルで

ある。京王プラザホテルは多摩、八王子、札幌へと展開しており、ビジネスホテルの京王プレッソインも都内で展開している。また、インバウンドの波に乗り、老朽化した建物をリノベーションした「シェア型複合ホテル」や、シティホテルとビジネスホテルの中間に相当する「京王プレリアホテル」も開業させた。ミャンマーでは、都市型ホテル及びサービスアパートメントを展開する予定で、同社には珍しい積極的な展開である。

ホテルを含めた「レジャー・サービス業」は営業利益の16・8％を占める。全国にレジャー施設を持つ西武グループの「ホテル・レジャー事業」の営業利益が26・9％だが、京王電鉄の数字も立派だろう。

沿線のブランド力は高くない

戦後の京王電鉄は、多摩方面の宅地開発とともに歩んできた。その典型が相模原線で、巨大な多摩ニュータウンのために開業した路線である。

そんな京王電鉄だが、東急電鉄のように「街づくりのエキスパート」とみなされることはない。

多摩ニュータウンは行政主導だが、同社も京王桜ヶ丘住宅地（聖蹟桜ヶ丘駅）、京王平山住宅地（平

「耳をすませば」の舞台になった聖蹟桜ヶ丘駅。
この駅から主人公の「月島雫」が出てくるシーンがある

山城址公園駅）、京王めじろ台住宅地（めじろ台駅）と大規模な宅地開発をしてきた。

そのうち京王桜ヶ丘住宅地は、ジブリ映画の「耳をすませば」の舞台にもなった。その最寄り駅の聖蹟桜ヶ丘駅にはショッピングセンターがあり、そこから大栗川を渡り、「いろは坂」を登ったところに住宅地がある。急カーブが連続する「いろは坂」は、景色を楽しむには面白く、高台からの見晴らしも素晴らしい。映画の舞台には最適だろう。しかし、高齢化した住民には、駅から離れた高台の住宅地は住みにくく、ここで育った若い世代は都心回帰で引っ越してしまった。

不動産業も同社の柱になっているが、ブランド力を生かした展開は望めない。堅実な京王電鉄は、その反面、ブランド力がない地味な鉄道会社である。

京浜急行電鉄

国鉄・JRとの宿命的な競争

←

基礎情報（2019年3月期）	
▼営業収益――3393億円	▼営業利益――401億円
▼売上高営業利益率――11.8%	▼社員数（本体）――2793人
▼営業キロ――87.0キロ	

▼主な路線―― 本線、空港線、大師線、逗子線、久里浜線

▼主な子会社―― 京浜急行バス、川崎鶴見臨港バス、東洋観光、京急交通、京急文庫タクシー、京急中央交通、京急不動産、観音崎京急ホテル、イーエックスイン、三崎観光、京急油壺マリンパーク、葉山マリーナー、京急開発、京急伊豆開発、長野京急カントリークラブ、京急アドエンタープライズ、京急フードサービス、京急百貨店、京急ストア、京急ショッピングセンター、京急ステーションコマース、京急建設、京急電機、京急ファインテック、京急サービス、京急メモリアル、京急自動車学校

▼主な関連会社―― 横浜新都市センター、ルミネウィング

通勤・通学用に運行される
座席指定列車「京急ウィング」
（©2100 Keikyu）

厳しい競争を宿命として背負う

京浜急行電鉄（以下、京急）の前身は、川崎大師への参拝客を運ぶ大師電気鉄道である。開業は1899（明治32）年で、東日本初の電気鉄道だった。

同社は、もともと京浜間の輸送を目的として設立しており、1905（明治38）年には品川〜神奈川を開業させた。1931（昭和6）年には湘南電気鉄道と接続し、京浜間だけでなく、三浦半島までカバーする鉄道網となる。

品川〜横浜間は、宿命的に国鉄・JRとの競争が避けられない。現在でも、JRは東海道線、横須賀線、京浜東北線の3路線あるが、京急は本線だけ。この環境で生き抜くために、京浜急行電鉄は独自の進化を遂げてきた。

設立当初から沿線人口を増やすための努力は欠かせなかった。沿線の観光アピールは当然のことで、1914（大正3）年には生麦住宅地の販売も開始した。戦後は、本格的に分譲地を販売して、ニュータウンの造成まで行っている。

同社の特徴は、住宅販売だけではなく、工場用地の販売まで行ったところにある。大正時代、川崎で運河を開削して、京浜工業地帯の礎を築いた。京急は、国鉄・JRよりも海側を走っており、工

油壺マリンパーク

場誘致が同社を支えることになる。

リゾート開発も行っている。三浦半島では、油壺《あぶらつぼ》マリンパークやリゾートホテルを展開して、沿線外でも、長野と南房総でゴルフ場を運営する。厳しい事業環境の中で、多様な事業を生み出してきた。

東急に飲み込まれた過去

都心への乗り入れも早くから取り組んできた。東京地下鉄道が浅草～新橋に地下鉄を開業したのが1934（昭和9）年だが、同じ頃、東京地下鉄道との合弁会社（京浜地下鉄道）を設立して、その延伸ルート（新橋～品川）を請け負った。

しかし、これは東急の五島慶太によって阻まれる。五島の支配下にあった東京高速鉄道が、渋谷から新橋に

京急本線を走る快速特急（右）（©Inatewi）

向けて地下鉄の延伸を進めて、東京地下鉄道との直通運転を始める。強盗慶太の異名を持つ五島は、東京地下鉄道と京急（現在）の株を買い占めて、京浜地下鉄道の計画を握りつぶした。それだけでなく、戦時中、京急を「大東急」に取り込んでしまった。京急の都心乗り入れの悲願は、1948（昭和23）年に東急から分離独立して、1968（昭和43）年の都営浅草線の開業まで棚上げとなった。

現在、都営浅草線に乗り入れるのは8両編成である。しかし、快速特急は、品川駅で4両を増結して、京急線内を12両編成で走っている。しかも、本線の最高速度120キロで、住宅やビルの合間を走り抜ける。なりふり構わず、逞しさを感じる鉄道である。

消えた影のイメージ

既述のとおり、旧皇族の土地の多くは、西武の堤康次郎の手中に入り、プリンスホテルとして再生した。プリンスホテルは品川（高輪）でも立ち並んでいるが、駅の玄関口にはSHINAGAWA GOOSが立ちはだかり、プリンスホテルの前を抑える。康次郎にとっては歯がゆかっただろうが、ここは旧東久邇宮《ひがしくにのみや》などの邸宅跡地で、京急が死守した土地である。SHINAGAWA GOOSの中心には京急EXホテルがあり、プリンスホテルの覇権に挑んでいるようだ。

リニア中央新幹線の開業を前に、品川では再開発が始まった。京急は品川に土地を持っており、まさに好機到来。窮屈だった京急の品川駅も改築することが決まった。長期経営計画では、不動産事業の割合を大幅に広げる計画を掲げており、品川・羽田の将来性に期待している。

京急の企業イメージは、1998年の羽田空港への乗り入れを契機に大きく変わった。

京急は、京浜工業地帯の工場群を通り、横浜でも、元町、山下公園周辺ではなく、麻薬、売春街として知られた黄金町《こがねちょう》を通る。これがJRや東急との違いで、華やかな都市の影の部分を感じさせる鉄道だった。しかし、そんな負のイメージも薄れて消えた。

東急が渋谷で稼ぐように、京急も品川の土地で大きな果実を手にするだろう。京急は、それに相応しい企業イメージを手にしている。

相鉄ホールディングス

横浜駅西口の土地で暴利を得る

←

基礎情報（2019年3月期）	
▼営業収益――2605億円	▼営業利益――316億円
▼売上高営業利益率――12.1％	▼社員数（本体）――1163人
▼営業キロ――38.1キロ	

▼主な路線―― 本線、いずみ野線、厚木線（旅客営業なし）

▼主な子会社―― 相模鉄道、相鉄バス、相鉄ローゼン、相鉄ステーションリテール、相鉄不動産、相鉄不動産販売、相鉄リナプス、相鉄リビングサポート、相鉄アーバンクリエイツ、キャピタルプロパティーズ、相鉄ホテル、相鉄ホテルマネジメント、相鉄ホテル開発、相鉄イン、サンルート、相鉄企業、横浜熱供給、相鉄リフォーム、相鉄ウィッシュ、相鉄保険サービス、相鉄ネクストステージ、相鉄ピュアウォーター、相鉄ビジネスサービス

JRとの直通運転に対応した
相鉄の12000系
（©さとみんくる）

知名度の低い大手私鉄

相模鉄道の横浜駅

相模鉄道は、横浜～海老名《えびな》の本線と、湘南台に向かう「いずみ野線」から成り立っており、営業キロは38・1キロで、山手線を上回る程度の規模である。これだけ見ると小さな鉄道会社だ。紛らわしいのは、JR東日本に相模線（茅ケ崎《ちがさき》～橋本）があることだが、元来、これは相模鉄道の路線だった。同社の社名にも由来する根幹的な路線だが、戦時中に国有化されたことで、現在はJR東日本の路線になっている。

大手私鉄だが、横浜を起点としており、長らく他社との直通運転もなかった。それだけに知名度は低いが、2019年度下期にJRとの直通が実現して、2022年には東急との直通が実現する。これが実現すれば、渋谷、新宿へ直通するし、新横浜を経由するため、新幹線へのアクセスが一気に向上する。沿線の魅

相模鉄道の車両（©Thirteen-fri）

力も格段に上がるだろう。

相模鉄道の歴史は古いが、当初は経営基盤が弱かった。旅客輸送だけでは採算が合わず、相模川の砂利も運んだが、それでも経営は厳しかった。ちなみに、祖業の一つである砂利販売事業は、直近まで継続していたが、さすがに本業とのシナジーはなくなり、2017年に事業売却を発表している。

そんなローカルな鉄道だったが、沿線に軍事施設や軍需工場が進出して、輸送力の増強が国家の要請となる。現在でも厚木基地が沿線にあり、かつてはジェット燃料の貨物輸送も行っていた。ここから相鉄の位置づけが変わる。

それでも事業環境は厳しく、同社の経営が安定するのは、戦後になって沿線人口が急増してからだ。

今では、大型車両（20ｍ）を10両編成で運行しており、かなりの輸送力がある。運輸業だけで84億円の営業利益があり、規模は大きくないが、充分な利益率である。

同社の沿線は、横浜だけでなく、最近では海老名の発展が目覚ましい。海老名は小田急小田原線も通り、高速道路のＩＣもあるため、交通の便が極めて良い。２０１５年にららぽーとがオープンして、小田急電鉄の開発も進んでいる。横浜とともに、海老名も人気のある街としてランクインする。

横浜駅西口の土地

鉄道だけであれば、規模が小さいため、さすがに他の大手私鉄と肩を並べられない。しかし、相模鉄道には金のなる木がある。それが横浜駅西口の土地だ。

巨大な横浜駅でも、相鉄線の横浜駅は西口に位置する。控えめに寄り添う形である。しかし、控えめな駅とは対照的に、駅前の土地は独占的に抑えている。相鉄ジョイナス、高島屋横浜店がテナントとして入るビル、横浜ベイシェラトンホテル＆タワーズなどがあり、ここで莫大な富を得る。

相模鉄道の営業利益は約３００億円だが、その約半分は不動産業で稼いでいる。この不動産業の利益は東武鉄道や京成電鉄、京浜急行電鉄、小田急電鉄なども上回り、鉄道の規模を考えれば信じ

横浜駅西口前のロータリー。右手に「相鉄ジョイナス」「高島屋」が入るビルが見え、画面外だがさらにその右に「横浜ベイシェラトンホテル＆タワーズ」がある

られない数字である。

一方、京浜急行電鉄は不動産事業が安定しておらず、年によっては営業損失を出す。相模鉄道の倍以上の営業キロがあり、羽田空港の輸送も担うが、安定して高い利益を出すのは相模鉄道である。どちらも横浜駅を発着する鉄道会社だが、その実態は対照的だ。京浜急行電鉄は相模鉄道を意識したのか、中期経営計画で不動産事業のシェアを大幅に上げると打ち上げた。長年、土地の力を見せつけられてきた結果だろう。

先見の明があった相模鉄道は、横浜駅西口で思い切った投資を行い、その果実を永遠に手にする。不動産事業だけでなく、横浜駅西口では横浜ベイシェラトンホテル＆タワーズを運営し、これをトップブランドとして、ホテル業にも力

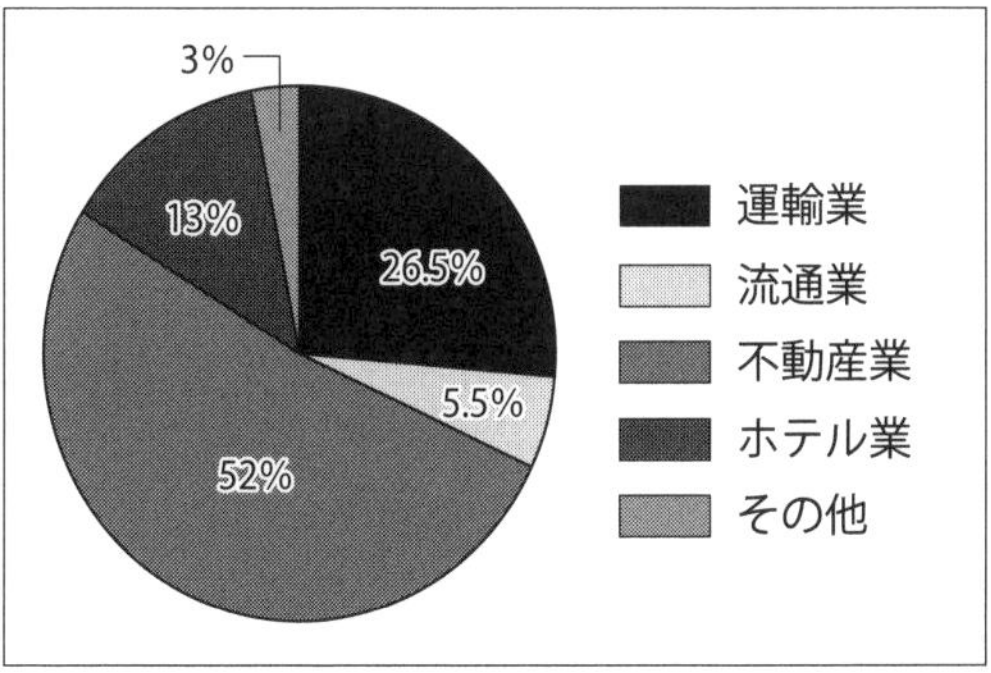

相鉄ホールディングの営業利益に対する業種別割合

を入れている。

相鉄グループは、タクシーを手放すなどの事業再編を断行したが、同時に、ホテルチェーンのサンルートを買収した。相鉄フレッサインと合わせて、ホテル業の営業利益は40億円を超えており、鉄道事業の規模に比べると、これも驚くべき数字だ。

目立たないが、侮れない鉄道会社である。

第5章
大手私鉄の戦略（東海・関西・九州）

鉄道のシェア

東京都市圏と比べると、鉄道のシェアは京阪神都市圏で2／3、福岡市では1／2となり、中京圏になると1／3になる。特に中京圏では自動車のシェアが東京の倍で、都市圏といえども、首都圏以外では鉄道の優位性は下がる。

鉄軌道だけで比較すると、東京地下鉄（東京メトロ）を含めた首都圏の大手私鉄は、2016年度の実績で営業収益が1兆1698億円、営業利益が2417億円だが、関西の大手私鉄では営業収益が4080億円、営業利益が777億円で、首都圏の3割ほど。シェアが低いだけでなく、人口も少ないため鉄道のマーケットは小さくなる。

その割に、事業者の数は多い。首都圏の大手私鉄の数は、東京地下鉄（東京メトロ）を含めると9社で、関西では5社。競争は熾烈だ。

ちなみに、中京圏には大手私鉄が名古屋鉄道しかなく、鉄軌道の営業収益は949億円で、営業利益は194億円、九州では西日本鉄道が唯一の大手私鉄で、鉄軌道の営業収益は214億円、営業利益は27億円しかない。首都圏に比べると桁違いに少なく、比較できる規模ではない。

電鉄系ビジネスの発祥

しかし、電鉄系ビジネスの原点は関西にある。

国鉄・JRと区別するために、私鉄が確立したビジネスを電鉄系ビジネスと呼ぶとすると、その第一は住宅の分譲になる。鉄道を開業させるには莫大な資金が必要で、需要のないところでは開業できない。沿線で住宅の分譲販売を行えば、資金を回収できるし、鉄道事業が成立する。ターミナル駅で百貨店を開業して、郊外の沿線にレジャー施設を開業させれば、ビジネスは拡大する。

すべては、都市が発展して、住民が急増するところから始まる。

小林一三

文明開化によって産業が発展すると、工場で働く人たちなど、働き手が都心に集まるようになり、都心では住宅難となった。そこで、大正時代に入ると私鉄の開業が相次ぎ、郊外へ移住が進んだのである。

電鉄ビジネスを開拓したのは現在の阪急電鉄で、事実上の創業者である小林一三《こばやしいちぞう》による功績である。商人の街、大阪だからこそ誕生したビジネスだと思われそうだが、小林一三は山梨県の出身で、慶応大学を経て三井銀行に入行した男だ。その後、大阪に移り住み、当時の新ビジネスである鉄道の世界に身を投じた。

阪急電鉄は、当時の社名は箕面有馬《みのおありま》電気軌道といって、箕面方面で開業した鉄道である。老舗の阪神電鉄とは異なり、沿線住民の少ない路線だったが、だからこそ、沿線を開発して住宅販売に取り組んだ。しかも、庶民が購入できるように、住宅販売に月賦販売を取り入れたのである。

その後、梅田で百貨店を開業させるが、これも電鉄系百貨店の初めとなった。増加した乗客を取り込むビジネスである。鉄道を利用するのは庶民だが、安いものを大量に売れれば大いに儲かる。小林は、庶民を相手にするビジネスに天才的な才能を開花させた。

宝塚新温泉で生まれた宝塚歌劇団も、生活が豊かになった庶民に供する娯楽の一つだった。動物園も開業させたが、猛獣が逃げるなどの事件もあり、短期間で撤退した。すべての事業が成功したわけではないが、宝塚歌劇団は今でも熱狂的なファンがいて100年以上の伝統を誇っている。

現在の高校野球の前身も、実は同社が始めたものだ。老舗の阪神電鉄の球場の方が大きいため、最終的には甲子園球場に持っていかれたが。

野球と鉄道の関わりは深く、西日本の私鉄では、阪急、阪神、近鉄、南海、西鉄がプロ野球の球団経営に参画した。ファンを球場に呼び寄せて、乗客を増やしたいとの戦略だ。首都圏と比べると、黙っていても乗客が来るわけではなく、なんとかして乗客を増やそうという思いがある。

事業環境が恵まれないからこそ、首都圏など、沿線外への進出をためらわず、関連事業の本気度も異なる。

現在、分譲マンションでは、京阪や阪急阪神などが首都圏などに進出するし、ホテルでも、西鉄ホテルは九州だけに留まらない。旅行代理店では、阪急交通社、近畿日本ツーリストなど関西私鉄系の存在感が大きく、阪神や西鉄は、国際物流で大きな存在である。

しかし、本業が鉄道である以上、いくら沿線外に進出しても、その都市の興廃に左右される。西日本鉄道は、地方都市の中でも活気のある福岡に支えられるし、関西の私鉄は、一時期は関西空港の利用が少なく空港輸送を担う南海などは苦しんだが、現在ではインバウンドの恩恵を受ける。名鉄は、リニア中央新幹線が東京〜名古屋で先行開業するのを契機に、名古屋駅での再開発を進める。その陰では、関西私鉄は大阪の地盤沈下を不安視する。

沿線外に成長を求めながらも、沿線こそが原点なのだ。

西日本の大手私鉄各社も、首都圏の大手私鉄と同様、バブル景気後の不況の波に存亡の危機を味わい、選択と集中を行い、多角化した事業をスリムにした。プロ野球の球団経営も多くが撤退している。これらが功を奏して、近年は各社とも財務状況が改善した。

現在は、どの鉄道会社もターミナル駅や沿線の再開発に力を入れるなど、原点に回帰した投資を行っている。

大手私鉄は、大阪の梅田、福岡の天神、京都駅前など、一等地に広大な土地を持っている。これらの土地から莫大な利益を受け続けながら、沿線外に成長を求める。これが各社共通の姿勢である。

名古屋鉄道

東京・大阪と戦った名古屋の雄

基礎情報（2019年3月期）

▼営業収益――6226億円　▼営業利益――495億円

▼売上高営業利益率――7.9%　▼社員数（本体）――5086人

▼営業キロ――467.6キロ（グループ全体）、444.2キロ（名鉄のみ）

▼主な路線――名古屋本線、豊川線、西尾線、蒲郡線、三河線、豊田線、常滑線、空港線、築港線、河和線、知多新線、瀬戸線、津島線、尾西線、犬山線、各務原線、広見線、小牧線、竹鼻線、羽島線

▼主な子会社――豊橋鉄道、名鉄バス、岐阜乗合自動車、名鉄観光バス、宮城交通、名鉄タクシーホールディングス、名鉄西部交通、名鉄東部交通、名鉄運輸、信州名鉄運輸、四国名鉄運輸、太平洋フェリー、名鉄プロパティ、名鉄協商、名鉄不動産、名鉄グランドホテル、岐阜グランドホテル、名鉄犬山ホテル、名鉄イン、中央アルプス観光、奥飛観光開発、名鉄インプレス、名鉄レストラン、名鉄観光サービス、名鉄百貨店、金沢名鉄丸越百貨店、中日本航空、矢作建設工業

中部国際空港（セントレア）へのアクセスを担う「ミュースカイ」（©Tennen-Gas）

名鉄を代表する車両3500系（©ButuCC）

名古屋財界の大黒柱

名古屋鉄道（以下、名鉄《めいてつ》）の営業キロは444・2キロと長く、私鉄では近鉄、東武に次ぐ3番目である。名鉄岐阜から豊橋に至る名古屋本線、中部国際空港方面の常滑《とこなめ》線・空港線、犬山方面の犬山線・小牧線、豊田方面の豊田線、瀬戸方面の瀬戸線があり、河《こう》和《わ》線、知多新線、三河線、西尾線、蒲郡《がまごおり》線、豊川線など、列挙するのも大変だ。

これだけの路線がありながら、名鉄名古屋駅は上下2線しかなく、超高密度な運行をしている。同じホームで、特急、急行、準急、普通など多くの列車種別があり、多方面の列車が発着する。利用者も、慣れた人でないと戸惑うだろう。

しかし、すべての路線が名鉄名古屋駅を通るわけではない。瀬戸線は栄町、小牧線は平安通（地下鉄上飯田線《かみいいだ》）が終着駅で、豊田線は、地下鉄鶴舞線に乗り入れて、伏見、丸の内などを横断する。いずれも名古屋の中心部だが、名鉄名古屋駅は通らない。

名古屋は、東京、大阪に比べると自動車のシェアが高く、鉄道のシェアは低い。しかし、東京や大阪とは違って鉄道事業者の数が少なく、ＪＲの近距離路線も少ない。その中で、近距離輸送では名鉄がガリバーとして君臨する。この点が、近鉄や東武とは違うところだ。

名鉄は、名古屋財界の大黒柱で、名古屋商工会議所の会頭も多数輩出している。

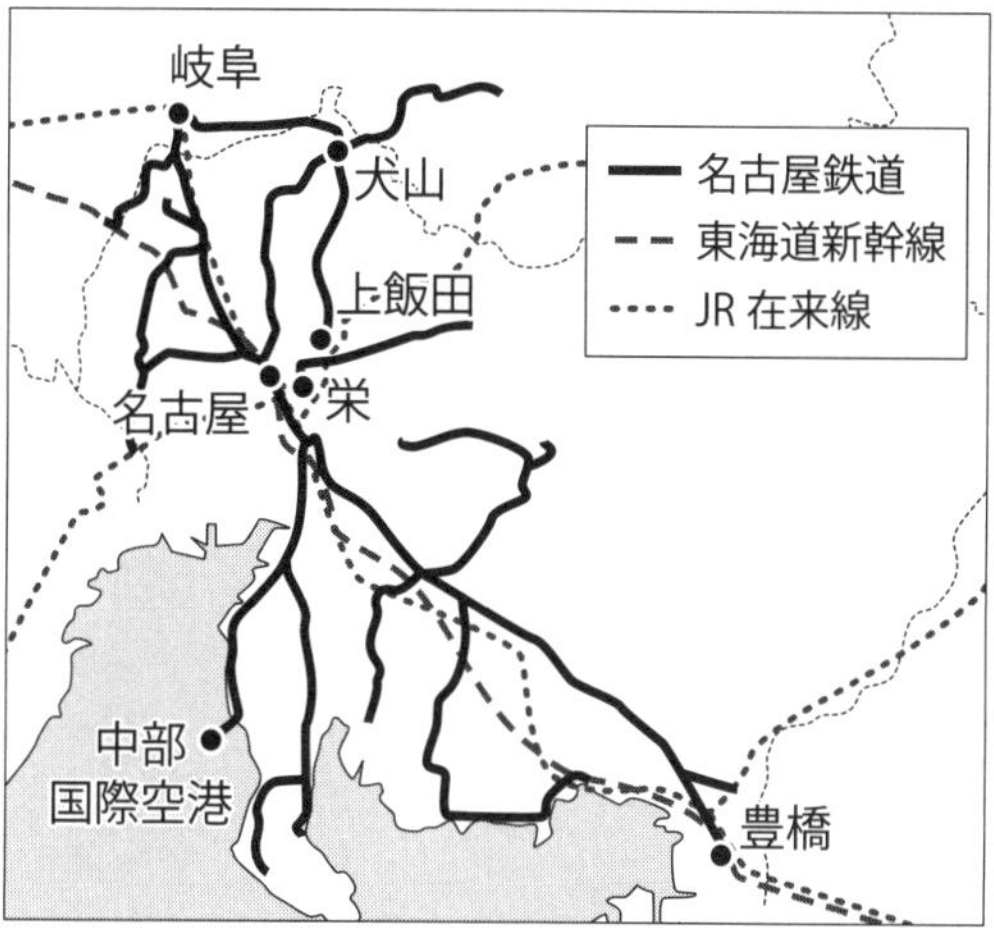

名古屋鉄道路線図

名鉄だからこそ求められる役割

名古屋を代表する名鉄は、事業の多角化に取り組み、全国にも進出した。

沿線開発では、犬山で日本モンキーパーク、博物館明治村、野外民俗博物館リトルワールド、南知多で南知多ビーチランド、南知多おもちゃ王国などを運営する。名鉄がなければ中京エリアの観光地は半減しただろう。

犬山では、時代に先駆けてモノレールの開業も果たした。その技術を買われて、東京モノレールにも経営参画している。パノラマカー、モノレールと、名鉄が運輸業界で果たした役割は大きい。残念ながら、東京モノレールからの経営からは撤退して、犬山のモノレールは廃線になったが。

名鉄は海にも空にも進出している。名古屋、仙台、苫小牧を結ぶ太平洋フェリーは、名鉄の子会社である。中日本航空は、小型飛行機やヘリコプターを保有し、ドクターヘリ、チャーター機、調査測量などの事業を行っている。これも名鉄の子会社だ。

名鉄の経営手腕は有名で、北陸鉄道、宮城交通など、労働争議の激しい地方企業に経営参画して立て直した。こうして名鉄グループになった企業も多い。

これらの事業の中には、中京圏の発展のため、名古屋財界として取り組んできたものもある。「尾張名古屋は城で持つ」というが、尾張名古屋は、名鉄によって支えられた部分は大きい。

ＪＲ東海の出現

名古屋に君臨する名鉄だが、名古屋、伊勢志摩に路線を持つ近鉄や、全国に事業を展開する東急電鉄などと、あらゆる場面で覇を争ってきた。ところが、高度経済成長期の終焉や、バブル崩壊などを経て、他の企業と同様、事業の選択と集中を迫られる。サイパンでホテル事業を営んでいたが、これは２００５年に撤退した。

現在でも、在りし日の名残というべきか、名鉄の連結子会社の数は１１７社もある（２０１８年度末時点）。売上・利益が名鉄の２倍の東急電鉄でも、子会社は１３３社である。いまだに、名鉄グループに属する企業は多い。

しかし、名古屋の主役は変わった。今、名古屋全体を底上げしているのは、名鉄ではなく、ＪＲ東海である。ＪＲ東海は名鉄のライバルである。在来線の東海道線は、名鉄名古屋本線と並行する。ＪＲ東海の出現は、名鉄に本業回帰（鉄道回帰）を促すことにもなった。

そのＪＲ東海がリニア中央新幹線の建設を始めたことで、名古屋駅（名駅）周辺の開発も進んでいる。前述の名鉄名古屋駅も、ようやく拡張されることになった。

自動車との対抗でも、リニア中央新幹線の開業は大きな契機となり得る。都市部に人口が戻り、鉄道のシェアが拡大すれば、何より名鉄が発展する。リニア中央新幹線は、名鉄に巨利をもたらすかもしれない。

阪急阪神ホールディングス

宝塚歌劇団と阪神タイガースを擁する巨大企業グループ

基礎情報（2019年3月期）
▼営業収益――7914億円　▼営業利益――1149億円 ▼売上高営業利益率――14.5% ▼社員数（本体）――3152人（阪急電鉄）、1505人（阪神電気鉄道） ▼営業キロ――143.6キロ（阪急電鉄）、48.9キロ（阪神電気鉄道）、15.4キロ（能勢電鉄）、5.9キロ（北大阪急行電鉄）、7.5キロ（北神急行電鉄） ▼主な路線――神戸線（阪急）、宝塚線（阪急）、京都線（阪急）、本線（阪神）、阪神なんば線（阪神）、武庫川線（阪神）、妙見線（能勢）、日生線（能勢） ▼主な子会社――阪急電鉄、阪神電気鉄道、能勢電鉄、北大阪急行電鉄、北神急行電鉄、神戸高速鉄道、丹後海陸交通、アルナ車両、阪急バス、阪急観光バス、大阪空港交通、阪急田園バス、阪神バス、阪急タクシー、阪神タクシー、西山ドライブウエイ、エキ・リテール・サービス阪急阪神、阪急スタイルレーベルズ、阪急設計コンサルタント、阪急アドエージェンシー、阪神ステーションネット、阪急阪神不動産、大阪ダイヤモンド地下街、梅田センタービル、阪急阪神ビルマネジメント、阪急リート投信、アイテック阪急阪神、ベイ・コミュニケーションズ、梅田芸術劇場、宝塚クリエイティブアーツ、阪神タイガース、阪神コンテンツリンク、姫路ケーブルテレビ、ミマモルメ、ユミルリンク、六甲山観光、阪急交通社、阪急トラベルサポート、阪急阪神ビジネストラベル、阪急阪神エクスプレス、阪急阪神ロジパートナーズ、阪急阪神ホテルズ、阪神ホテルシステムズ、阪急阪神レストランズ、有馬ビューホテル、天橋立ホテル、阪急阪神カード

▼主な関連会社――神戸電鉄、西大阪高速鉄道、
エイチ・ツー・オーリテイリング、東宝、東京楽天地

▼その他学校法人――宝塚音楽学校、宝塚歌劇団

阪急電鉄の車両6000系
（©Sakamoto hiei）

近鉄線との直通運転が可能な
阪神電鉄の車両1000系

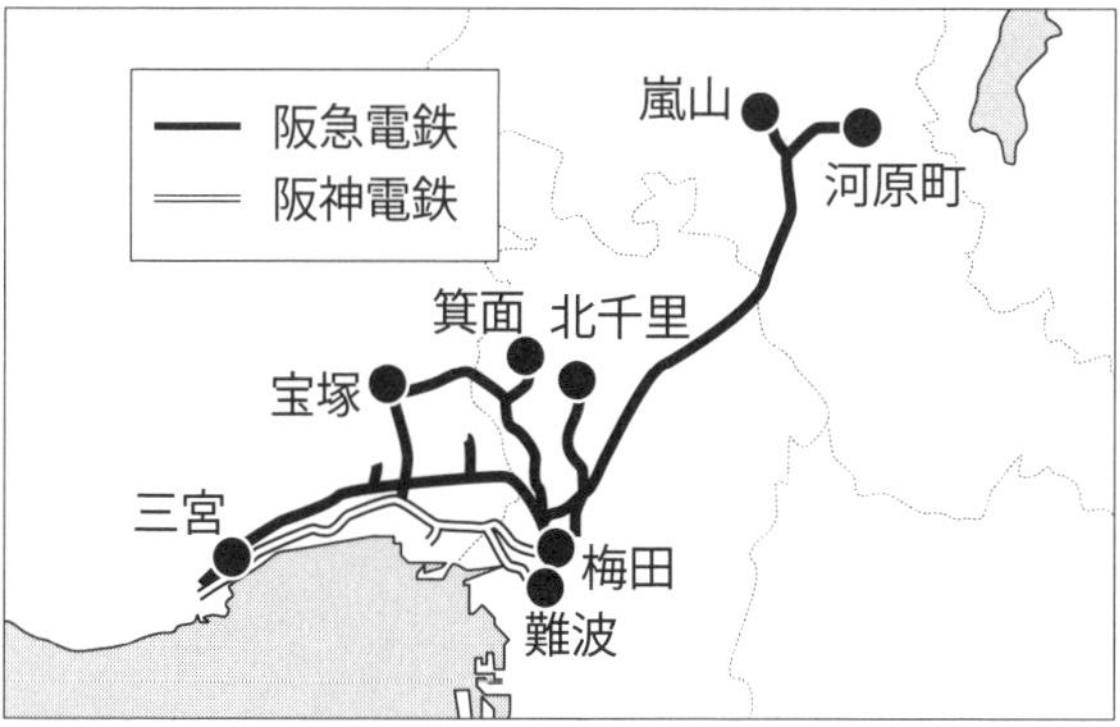

阪急電鉄および阪神電鉄の路線図

多数の鉄道会社を束ねる阪急阪神ホールディングス

阪急電鉄と阪神電気鉄道は2006年に経営統合している。阪急阪神ホールディングスの下に両社が併存する形なので、一般の利用者が統合を意識することは少ない。

阪急電鉄は、経営統合の前から巨大な企業グループで、妙見山《みょうけんさん》方面に通じる能勢《のせ》電鉄や、地下鉄御堂筋《みどうすじ》線の延伸に相当する北大阪急行線、神戸市営地下鉄の延伸である北神急行電鉄など、子会社の鉄道会社も多い。

阪急阪神ホールディングスの路線は、大阪、京都、神戸の3都を結ぶだけでなく、エリア内で支配的な存在である。

京阪間では、阪急京都線がJR西日本、京阪電鉄、近鉄と競合しているが、阪神間では、阪急神戸線と阪神本線が梅田(キタ)へと延びて、阪神なんば線が大阪難波《なんば》(ミナミ)に延びている。阪急電鉄と阪神電気鉄道が経営統合していることを考えると、この路線網は驚くべきだ。

その神戸では、阪神電車と阪急電鉄が高速神戸で合流している。また、山陽電鉄と阪神電車は数多くの直通の特急を運行しており、途中の新開地では神戸電鉄も乗り入れているため、有馬方面への連絡も可能だ。

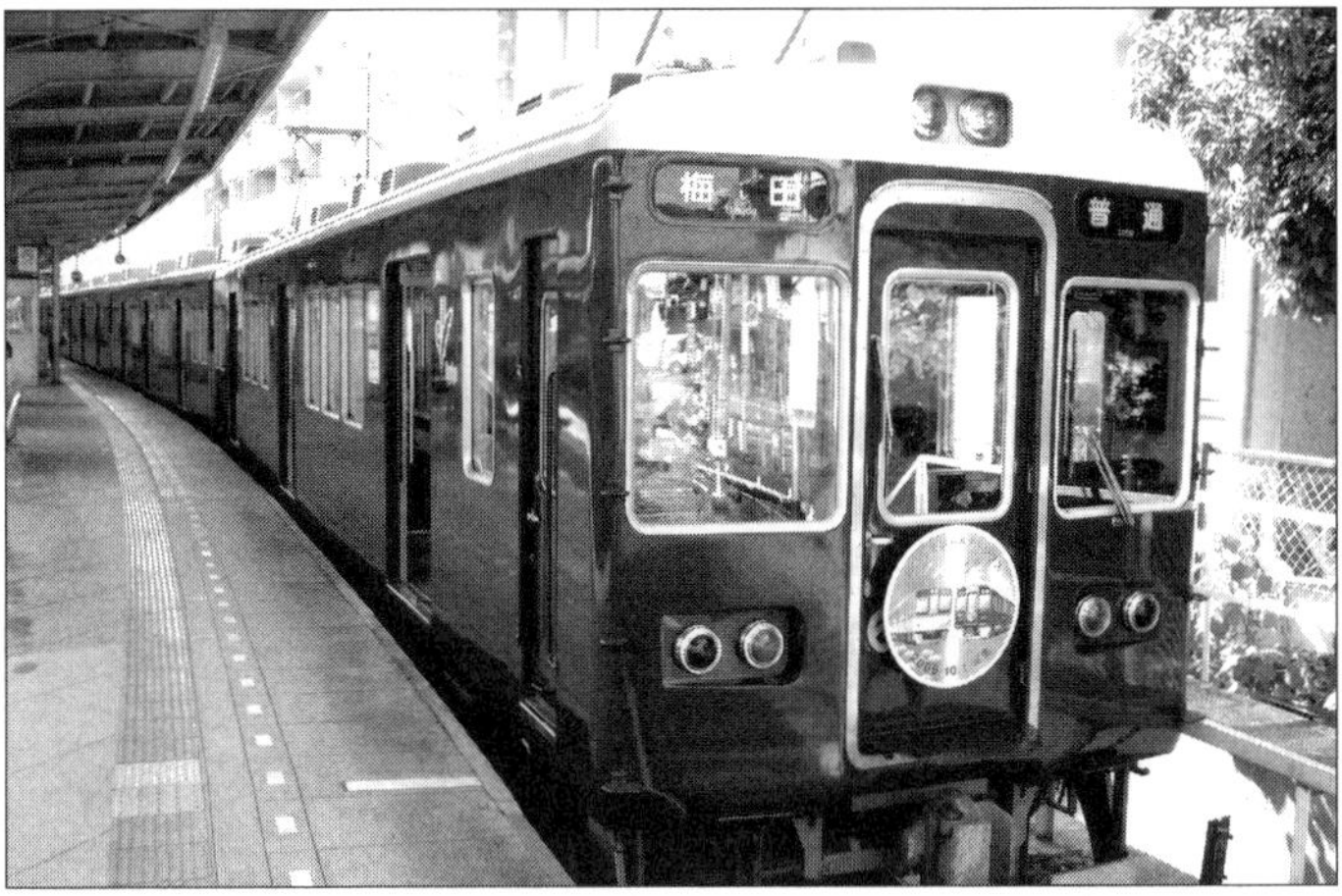

阪急阪神ホールディングス誕生を記念したヘッドマークをつけた阪急の車両（©Rsa）

これを実現したのが、阪急阪神ホールディングスの子会社で、鉄道路線を保有するだけの神戸高速鉄道で、これにより多くの私鉄が一つの巨大な鉄道網に統合された。

神戸市営地下鉄の事実上の延伸路線で、神戸電鉄に接続する北神急行電鉄も、阪急阪神ホールディングスの鉄道会社である。神戸で阪急阪神ホールディングスが果たしている役割は非常に大きい。

北部方面では、阪急電鉄の原点となる宝塚・箕面線があり、千里方面には阪急千里線がある。大阪の大動脈である地下鉄御堂筋線では、江坂から千里中央までは北大阪急行電鉄で阪神ホールディングスの路線となる。こうして見ると、このエリアでも阪急阪神が支配的である。

その北大阪急行電鉄は、２０２０年度に箕面方

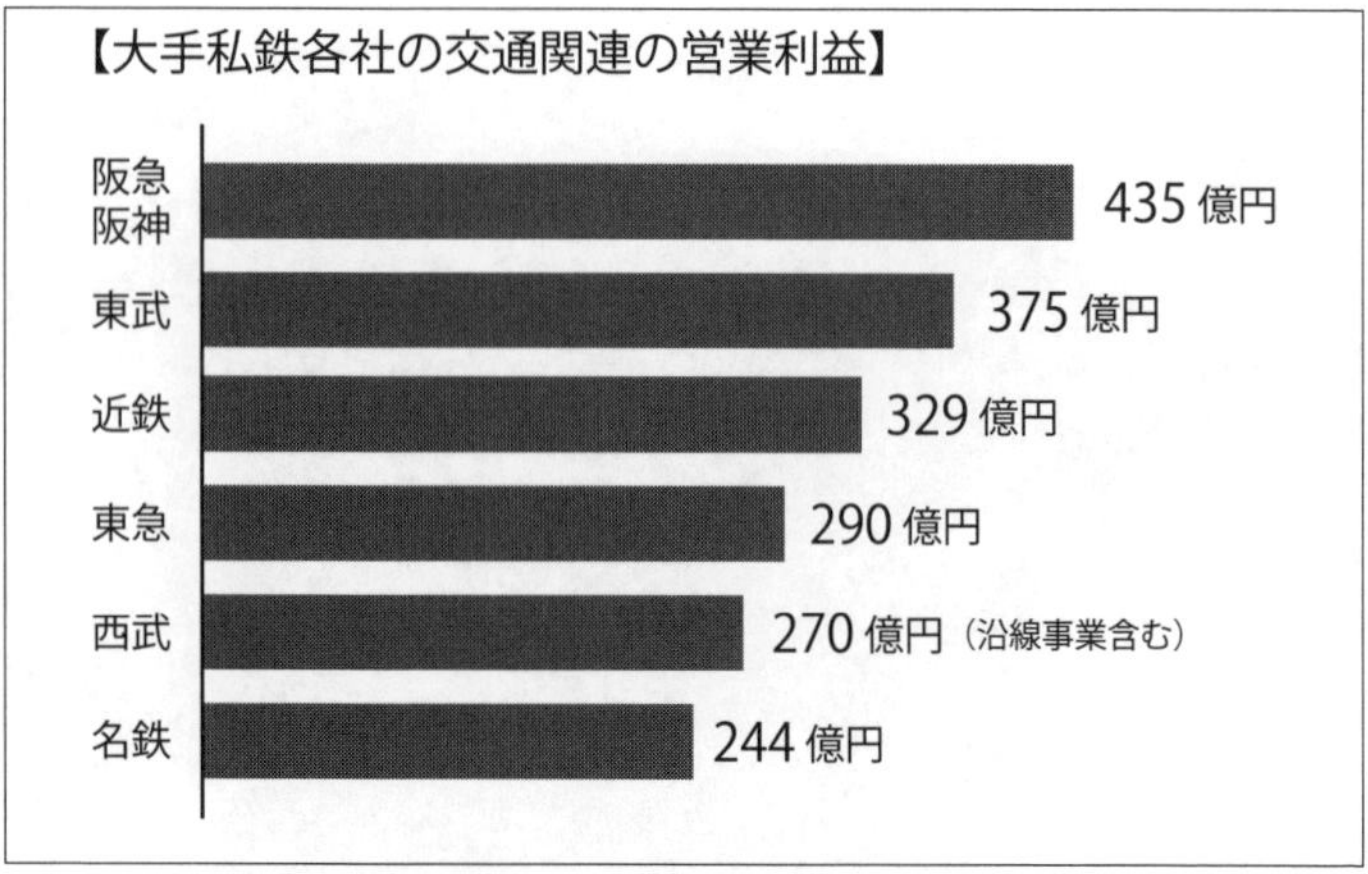

大手私鉄における交通事業の営業利益

面に延伸開業する予定で、ますます存在が大きくなる。阪急電鉄の新線計画も多く、新幹線と接続する新大阪、関西空港へのアクセスにつながる北梅田(うめきた)、大阪国際空港(伊丹空港)へ、それぞれ計画されている。鉄道技術を誇るというより、街のインフラとしての鉄道がある。それが阪急阪神ホールディングスの鉄道に対する位置づけだろう。

阪急阪神ホールディングスは、そのインフラだけで大きな利益を上げる。２０１８年度の実績で、都市交通のセグメントが２３８６億円の営業収益を上げて、４３５億円の営業利益を生み出す。東急電鉄の交通セグメントの営業利益が２９０億円で、名鉄の交通事業も営業利益は２４４億円なので、それを大きく凌駕する。京阪間、阪神間、大阪近郊と、大きな利益を生むところを抑えており、ローカル路線が少ないため、利益率が非常に高い。

宝塚歌劇団と阪神タイガースを擁する

阪急阪神ホールディングスには、都市交通事業の他に、不動産事業、エンタテインメント・コミュニケーション事業、旅行事業、国際輸送事業、ホテル事業などがある。

阪急電鉄は電鉄ビジネスの草分けで、その中でも不動産事業は礎となる存在だ。梅田には阪急百貨店、阪急三番街など大きな価値を生む不動産があり、阪神百貨店、ハービスＯＳＡＫＡなど、阪神電気鉄道由来の不動産も多い。

阪神電気鉄道は、明治時代に開業した老舗の鉄道会社で、阪急電鉄よりも歴史が古い。老舗の鉄道会社が保有する不動産は、ＪＲなどと同様、財務諸表を見ても価値が分からない。明治、大正時代に取得した値段が帳簿価格となるため、数字の上ではタダ同然になるのだ。

これに着目したのが村上ファンドで、２００５年に阪神電気鉄道を敵対的に買収した。その土地を活用すれば、企業価値は大きくアップすると見込んだのだ。結果的には、阪急電鉄がホワイトナイトとして登場して、長年のライバルが経営統合を果たす。

宝塚市にある「宝塚大劇場」（©663highland）

阪神電気鉄道の場合、路線が少なく、鉄道よりも阪神タイガースの方が全国的に知られている。一方の阪急電鉄も、鉄道会社としての知名度も高いが、それでも運営する宝塚歌劇団の方が全国的には有名だろう。つまり、阪急電鉄と阪神電気鉄道が統合したことで、阪神タイガースと宝塚歌劇団を擁する、他に例のない鉄道会社が誕生したことになる。エンタテインメントの分野でも、面白い組み合わせができたわけだ。

もともと私鉄が果たしてきた役割は、豊かになった庶民階級に対して、良質な住環境と娯楽を提供するものだった。阪急阪神ホールディングスの場合、阪神タイガースと宝塚歌劇団の人気は健在で、その役割は基本的に変わっていない。

「レム」１号店の「レム日比谷」（右）と、東京宝塚劇場（左）

旅行事業では、業界大手の阪急交通社を持つ。それだけでも特徴的だが、阪急・阪神のディベロッパーとして旅行の需要を掘り起こしてきた。

阪急阪神ホールディングスは、六甲山ではケーブルカーや各施設を運営しており、天橋立では、遊覧船やホテルなどを運営している。北近畿の観光地に行けば、阪急・阪神の資本ばかりが目に付く。

ホテルは、阪急ホテル、阪神ホテルの他に、第一ホテルがあり、最近では宿泊主体型ホテルの「レム」を展開している。この阪急阪神第一ホテルグループは、ホテル業界では一定の位置を占める。

驚くのは、これらの事業を束ねる阪急阪神ホールディングスとは別に、百貨店事業などを行うエイチ・ツー・オーリテイリンググループ、映画製作・配給などの事業を行う東宝グループがあり、資本関係は薄まるが、この3グループで阪急阪神東宝グループを形成していることだ。ちなみに東宝の名は、東京宝塚から由来する。

阪急阪神ホールディングスだけで見ると、営業収益が7914億円で、1兆円規模の東急電鉄などには及ばないが、阪急阪神東宝グループとしてみると、規模は言うまでもなく、その社会的な大きさに驚かされる。

首都圏や海外への進出と新規事業

阪急阪神ホールディングスの経営計画には、梅田や沿線の事業を深化させるとともに、首都圏や海外への進出も掲げている。すでに、首都圏ではホテルを展開するなどの不動産開発を行っている。いずれにしても、百貨店やエンタテインメント(東宝)は古くから東京に進出しており、同社にとって首都圏進出の壁は高くない。

海外では、ASEAN地域で住宅分譲を行っており、これを加速化させる計画である。鉄道会社の海外進出はニュースになるが、阪急阪神ホールディングスの場合、すでに阪急阪神エクスプレスによる国際輸送事業があり、海外進出でも大きな実績がある。

あまり知られていないのが、アイテック阪急阪神を核とした情報サービス業である。経営計画では、この分野での新たなビジネス開拓を掲げている。

鉄道会社の情報サービス業というと、鉄道関連システムの保守が多いが、阪急阪神ホールディングスでは外販も行っている。しかも、登下校のメール通知など、新規事業も生み出している。

関西私鉄の一つなので、関西の発展具合に左右されるのは避けられないが、電鉄ビジネスを築き上げたパイオニアだけに、新たな分野でも切り開けるような気がする。阪急阪神というブランドは、そういう信頼性も与えている。

近鉄グループホールディングス

巨大私鉄が背負った重荷

←　→

基礎情報（2019年3月期）

▼営業収益——1兆2369億円　▼営業利益——677億円

▼売上高営業利益率——5.5%

▼社員数（本体）——7468人（近畿日本鉄道）

▼営業キロ——501.1キロ（近畿日本鉄道）、57.5キロ（養老鉄道）、
16.6キロ（伊賀鉄道）、
7.0キロ（四日市あすなろう鉄道）

▼主な路線——難波線、大阪線、山田線、鳥羽線、志摩線、奈良線、けいはんな線、京都線、橿原線、南大阪線、吉野線、天理線、生駒線、田原本線、信貴線、道明寺線、御所線、長野線、名古屋線、湯の山線、鈴鹿線、西信貴鋼索線、生駒鋼索線

▼主な子会社——近畿日本鉄道、伊賀鉄道、養老鉄道、四日市あすなろう鉄道、近鉄バスホールディングス、近鉄バス、奈良交通、北日本観光自動車、防長交通、近鉄タクシーホールディングス、近鉄タクシー、奈良近鉄タクシー、三重近鉄タクシー、名古屋近鉄タクシー、石川近鉄タクシー、北交大和タクシー、アド近鉄、国道九四フェリー、近鉄レンタリース、近鉄レジャーサービス、近鉄不動産、近鉄百貨店、近商ストア、近鉄リテーリング、近鉄・都ホテルズ、KINTETSU ENTERPRISES CO. OF AMERICA、KNT-CTホールディングス、クラブツーリズム、近畿日本ツーリスト、ユナイテッドツアーズ、KNT-CTグローバルトラベル、きんえい、海遊館、近鉄ケーブルネットワーク

▼主な関連会社―― 奈良生駒高速鉄道、福山通運、近鉄エクスプレス、三重交通グループホールディングス、近畿車輌

近鉄の車両8000系
（©Kansai explorer）

近鉄の特急車両「しまかぜ」
（©Oka21000）

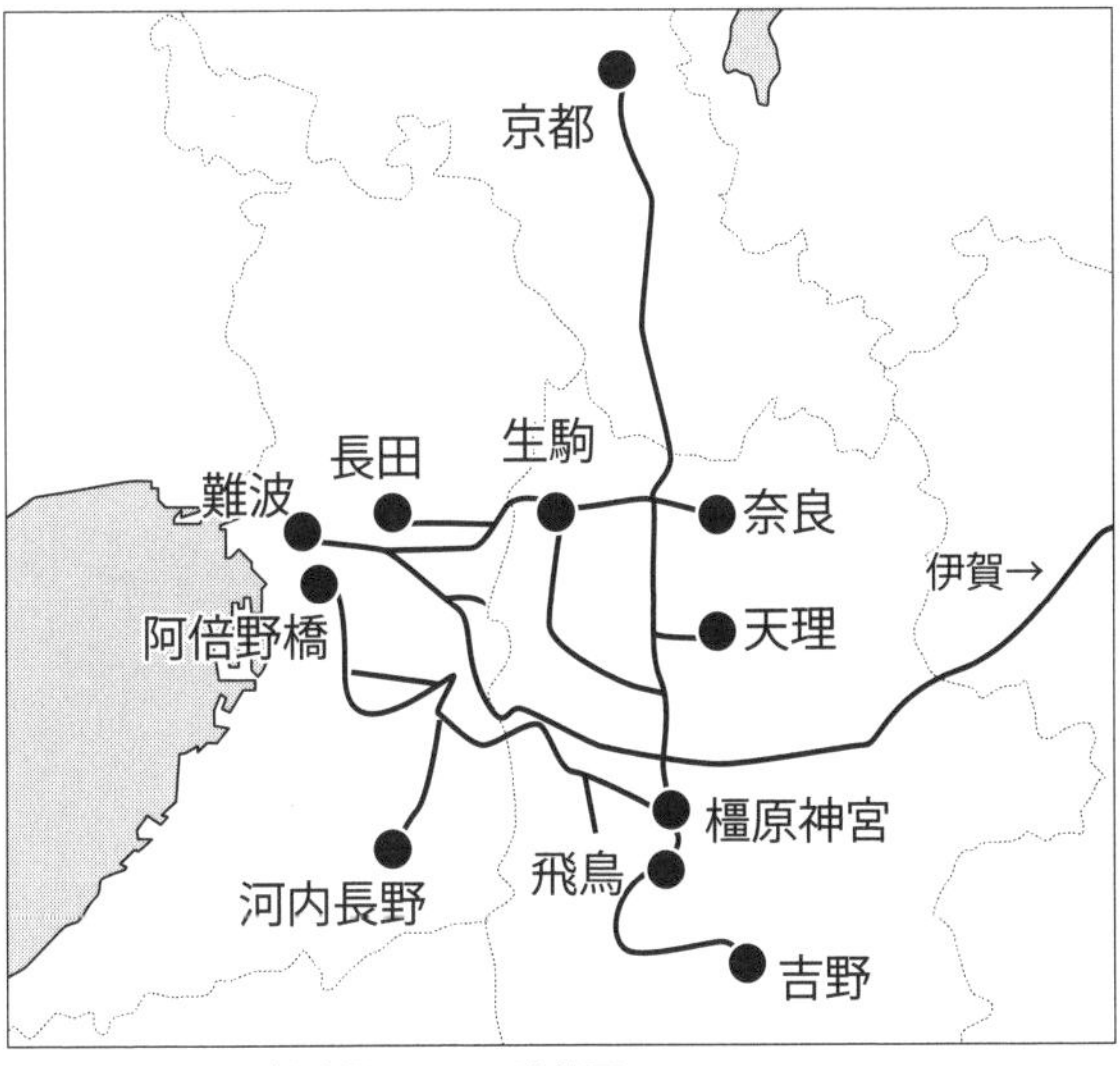

近鉄の大阪・奈良近郊における路線図

私鉄最長の営業キロ

近畿日本鉄道の営業キロは501・1キロもあり、大阪、名古屋、伊勢志摩、奈良、京都、吉野などにレールが延びる。

その中でも、伊勢志摩は特に重要な観光地で、名古屋、大阪などから特急を数多く運行している。JR東海も名古屋から快速電車を運行しているが、利便性、速達性、快適性で近鉄が圧勝する。

奈良方面では、JR西日本（奈良線、関西本線）と競合しているが、近鉄奈良駅の方が観光地に近く、橿原神宮《かしはらじんぐう》、飛鳥、吉野などもカバーする。ここでも近鉄特急が運行されており、JRに対して優位である。

観光地だけではない。新幹線と競合する大阪〜名古屋では、特急を30分間隔で運行している。この区間の営業キロは180キロを超えており、中距離というより長距離の都市間輸送だ。東武鉄道のスペーシア、小田急電鉄のロマンスカー、名鉄特急などと比べても、その走行距離、役割は別格と言えるだろう。

近畿日本鉄道は、様々な鉄道会社が合併して誕生した会社である。そのため、路線によって規格が異なる。

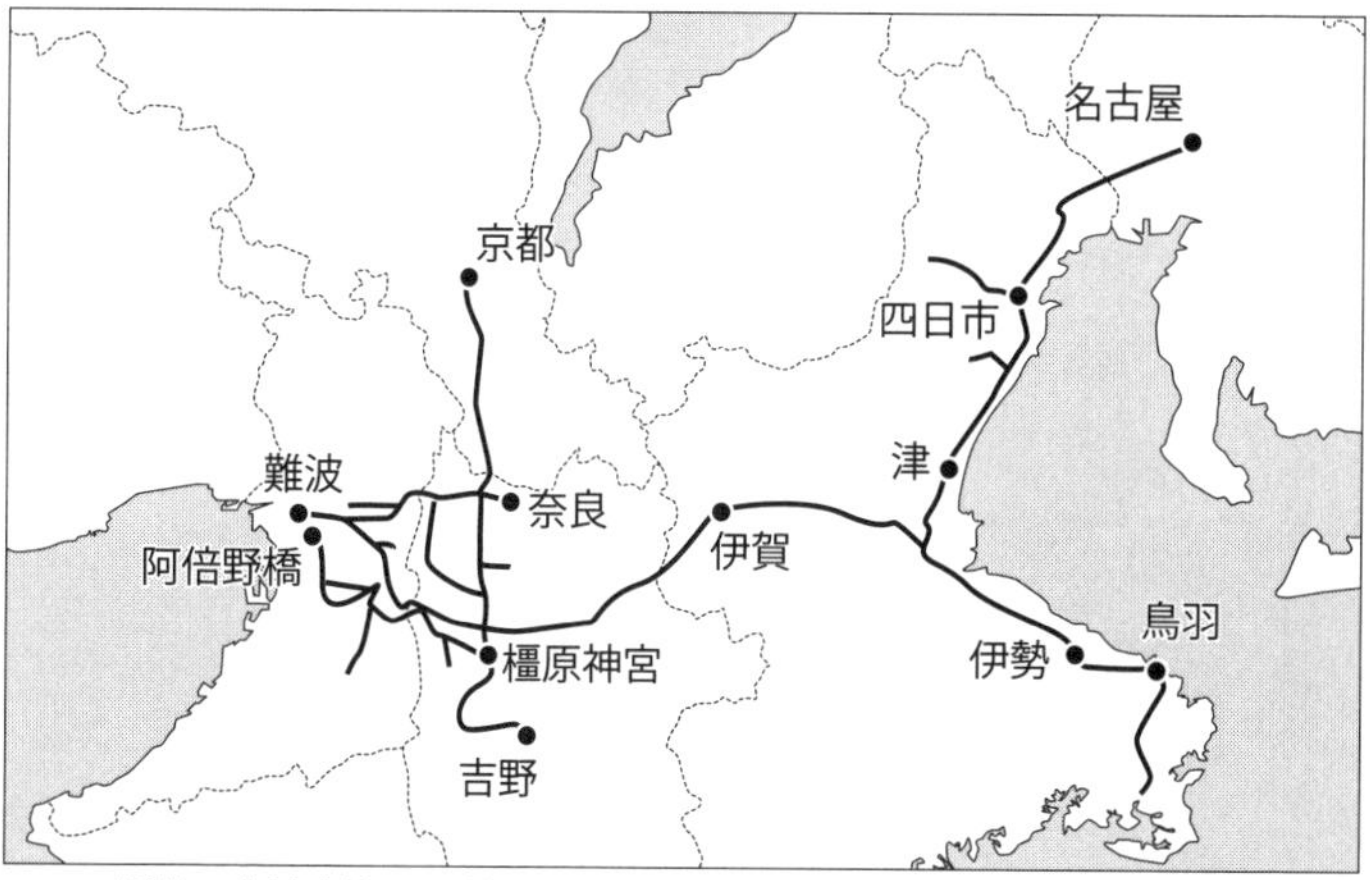

近鉄の広域路線図。愛知、三重、奈良、大阪、京都の２府３県に及ぶ

大阪線、難波線、山田線、京都線など、近畿日本鉄道は基本的に標準軌（新幹線と同じ線路幅）を採用している。しかし、大阪阿部野橋《あべの》から橿原神宮前・吉野方面に延びる南大阪線、吉野線などでは、狭軌（ＪＲ在来線と同じ線路幅）を採用する。

もともと会社が異なるため規格は様々で、後から軌間や電圧の統一を進めたが、結果的に2つの異なる系統が残ってしまった。橿原神宮前では、南大阪線、吉野線の他に、京都方面からの橿原線も乗り入れているが、軌間が異なるため京都から吉野方面へは直通運転ができない。

ちなみに、ＪＲでも新幹線と在来線は軌間が異なり、山形・秋田新幹線を除けば、新幹線と在来線は直通できない。国は、九州新幹線（長崎ルート）や北陸新幹線の湖《こ》西《せい》線直通を見据えてフリーゲージトレイン（軌間の異な

けいはんな線の車両。パンタグラフがなく、走行用レールとは別の給電用レール（第三軌条）から電力を集める（©Kansai explorer）

る線路でも直通可能な列車）の開発を進めてきたが、機構が複雑になるため、新幹線への導入は断念した。それでも、近畿日本鉄道は京都～吉野でフリーゲージトレインの導入を計画している。

軌間の違いだけでなく、根本的にシステムが異なる路線もある。それが大阪メトロ中央線と直通する「けいはんな線」である。

大阪メトロでは、多くの路線でパンタグラフを使わない第三軌条方式を採用している。地上から集電する方式で、トンネルを小さくできるメリットがある。けいはんな線は、大阪メトロ中央線と直通するため第三軌条方式を採用した。その代わりに、生駒駅で難波線と合流するが、同じ近鉄でも直通運転はできない。

信貴山《しぎさん》、生駒山でケーブルカーも運営しており、かつてはナローゲージと呼ばれる線路幅の狭い路線もあった。複雑な路線網である。

伊勢志摩観光の起爆剤

これだけの規模を誇り、伊勢志摩などでは独壇場だが、必ずしも暴利を得ているわけではない。営業収益（近鉄グループホールディングス）は1兆2000億円を超えるが、売上高営業利益率は5％台に留まり、他の大手私鉄に比べると利益率が低い。しかも、1999年度〜2002年度には連結ベースで純損失を計上しており、配当がない期間が2年間続いた。この時期は他の鉄道会社も苦しんだが、近鉄グループの苦労は格別だった。

独占的な地位を占めているとはいえ、首都圏をカバーするJR東日本や、関西の主要路線をカバーする阪急阪神ホールディングスとは事情が異なる。近鉄がカバーするのは努力が必要なエリアだ。

伊勢志摩に強い近鉄は、伊勢志摩によって経営が左右される。伊勢志摩には、伊勢神宮があり、豊富な食材があるが、温泉地がない。日本有数の観光地ではあるが、特急列車を頻発させるには努力が必要だった。実際、1993年に式年遷宮を終えると、伊勢志摩は観光客数の減少に悩まされた。伊勢志摩サミットが開催されたり、インバウンドの恩恵を受けたりするのは後年のことである。

志摩スペイン村におけるカーニバル（©Yanajin33）
2018年の入場者数は約120万人で、開業年の約３分の１まで落ち込んでいる

その式年遷宮の翌年に、新たな起爆剤として志摩スペイン村を開園した。しかし、これが重荷になってしまう。

志摩スペイン村は、ディズニーランドに及ぶべくもないが、スペインの街並みを再現したテーマパークである。ただ、テーマパークとしては不便な場所にあり、大阪から最寄り駅まで近鉄特急で2時間30分ほどかかる。新幹線で新大阪駅から2時間30分も乗れば、東京駅に着いてしまう。つまり、大阪から志摩スペイン村に行くのも、ディズニーランドに行くのも、時間的にはあまり変わらないのだ。しかも、足元の大阪には2001年にUSJがオープンする。

志摩スペイン村は新たな観光地にはなったが、開業後は苦労を強いられることになる。

聖域なきリストラ

肥大化した事業は、不況時には経営不振に陥り、本体を揺るがすことになる。巨大な近鉄グループでは、その影響が特に大きかった。聖域なきリストラを行わなければ、存続すら危ぶまれる事態となった。

その中でも世間を揺るがしたのは、2004年の球団経営からの撤退だった。近鉄バファローズには半世紀以上の歴史があったが、オリックスに譲渡した。ちなみに、オリックスの前身は阪急ブレーブスである。近鉄バファローズはパ・リーグだったので、セリーグの阪神タイガースとは事情が異なった。球場入場者数は少なく、球団は赤字経営が続いた。本体が経営危機ともなれば撤退は避けられない。

この時期、近鉄グループが手放したレジャー関連は球団だけではない。伏見桃山キャッスルランドは2003年に閉園し、近鉄あやめ池遊園地は2004年に閉園した。演劇関連だと、2003年にOSK日本歌劇団の支援を打ち切り、2004年には近鉄劇場・近鉄小劇場を閉館した。

他の鉄道会社でも見られることだが、不況時にはレジャー事業のリストラが避けられない。景気の影響を受けやすい上に、本体の経営状況も悪くなるため、採算度外視が許されなくなるのだ。巨大な近鉄グループの場合、球団、演劇など、社会的にインパクトのある事業が目立ち、それだけにリストラの影響は大きかった。それは同時に、一つの時代の終焉を告げるものにもなった。

主体の鉄道事業も聖域ではない。営業キロが長いため、近畿日本鉄道には採算が悪いローカル路線もあった。桑名から内陸に入る北勢線《ほくせい》は2003年に三岐鉄道に事業継承して、2004年には伊賀線の経営維持が困難だと表明する。その後、伊賀線では伊賀鉄道が設立されて、近年になって公有民営方式に移行した。内部線、八王子線も近年になって四日市あすなろう鉄道を設立されて公有民営方式に移行した。

ちなみに、北勢線、内部線、八王子線は、全国でも珍しいナローゲージ鉄道で、線路幅の狭い小さな鉄道である。

あべのハルカス

近鉄グループホールディングスには、運輸事業の他に、不動産事業、ホテル・レジャー事業、流通事業がある。

ホテル・レジャー事業には、志摩スペイン村だけでなく、世界最大級の水族館、海遊館などもある。

他にも、近畿日本ツーリストを中心とした旅行業、都ホテルなどのホテル業がある。旅行業は業界トップクラスである。流通事業では、近鉄百貨店を広く展開している。不採算店舗は閉鎖したが、現在でも、上本町《うえほんまち》、奈良、橿原、生駒、四日市、名古屋などの沿線や、沿線外の和歌山、草津にまで店舗を広げている。さすがは巨大私鉄である。

近鉄百貨店の本店は、現時点で日本一高いビル「あべのハルカス」の中にある。あべのハルカスは、大型投資によって２０１４年にグランドオープンしたビルである。大阪阿部野橋駅（天王寺駅）に隣接しており、大阪マリオット都ホテル、オフィスなども入る。

あべのハルカス（©Oilstreet）

かつて、伊勢志摩の投資では苦労したが、あべのハルカスは開業から5年以上を経ても好調を維持している。他の鉄道会社と同様に、自社のターミナル駅周辺に投資するのが昨今の成功法則なのだ。

南海電気鉄道

規模は小さく地味だが利益率は高い

基礎情報（2019年3月期）

▼営業収益――2274億円　▼営業利益――277億円

▼売上高営業利益率――12.2%　▼社員数（本体）――2624人

▼営業キロ――154.8キロ（南海電気鉄道）、14.3キロ（泉北高速鉄道）

▼主な路線――南海本線、高師浜線、空港線、多奈川線、加太線、和歌山港線、高野線、鋼索線、泉北高速鉄道線

▼主な子会社――泉北高速鉄道、阪堺電気軌道、南海バス、関西空港交通、徳島バス、和歌山バス、南海りんかんバス、御坊南海バス、熊野交通、四国交通、南海フェリー、サザントランスポートサービス、南海エクスプレス、南海車両工業、南海不動産、パンジョ、南海商事、泉鉄産業、アビック、南海リテールプランニング、南海アミューズメント、南海国際旅行、徳バス観光サービス、中の島、住之江興業、南海ビルサービス、南海グリーフサポート、アド南海、南海ゴルフマネジメント、南海印刷、南海保険サービス、南海ライフリレーション、南海辰村建設、日電商会

▼主な関連会社――新南海ストア

南海本線を走る
特急「サザン」の車両
（©Takesi0705）

知名度は高いが営業収益が少ない

意外だが、大手私鉄の中で営業収益が一番少ないのは南海電気鉄道（以下、南海電鉄）である。わずか２２７４億円で、近鉄グループホールディングスの１／５にも満たない。

規模は小さいが、中高年世代にとってはプロ野球の南海ホークスで馴染みがあるだろう。また、特急ラピートを運行しており、男の子を育てた世帯には馴染み深いはずだ。車両のデザインが斬新で、子供向けの鉄道本には必ず登場する。

そんな南海電鉄は、大阪湾沿いに南下する南海本線と、高野山《こうやさん》に向かう高野線と、大きく分けて２系統から成り立っている。どちらも営業キロは長い。

南海本線は、堺、岸和田などを経由して和歌山市まで続く路線で、特急サザンが約１時間で大阪と和歌山を結ぶ。特急サザンは自由席車両と指定席車両との混成で、名鉄特急、ＪＲの快速グリーン車と同様、自由席車両では特別な切符が必要ない。ちなみに、他の南海特急では特別急行料金が必要になる。

南海本線から空港線が分岐しており、関西国際空港へのアクセスも担う。前述の特急ラピートが走る路線だ。ＪＲ西日本も関空に乗り入れているが、南海電鉄の方が安く、大阪（ミナミ）へのアク

南海電鉄の特急「ラピート」（©日根野）

セスでは勝る。これが南海電鉄の武器である。

関西国際空港は、伊丹空港が残っているため国際線の比率が高い。良くも悪くも、インバウンドの影響が大きいのだ。

2011年ごろまでは訪日外国人観光客が頭打ちで、関西国際空港だけでなく、南海電鉄も苦境に陥った。ところが、訪日外国人観光客の急増によって事態は大きく好転する。

そんな南海本線に比べると、高野線では特急の本数も少なく、車両の更新なども後回しにされていた。しかし、途中の中百舌鳥《なかもず》で泉北高速鉄道との直通運転があり、泉北ニュータウンのエリアもカバーする。

泉北高速鉄道は、大阪府などが出資する第三セクターだったが、2014年に南海電鉄の子会社になった。同時に、特急の泉北ライナーがデビューして、高野線の特急本数の4割を占めるようになった。その名とは裏腹に、高野線は通勤通学輸送の重要度が高い。

他の私鉄が進出していないエリアを抑える

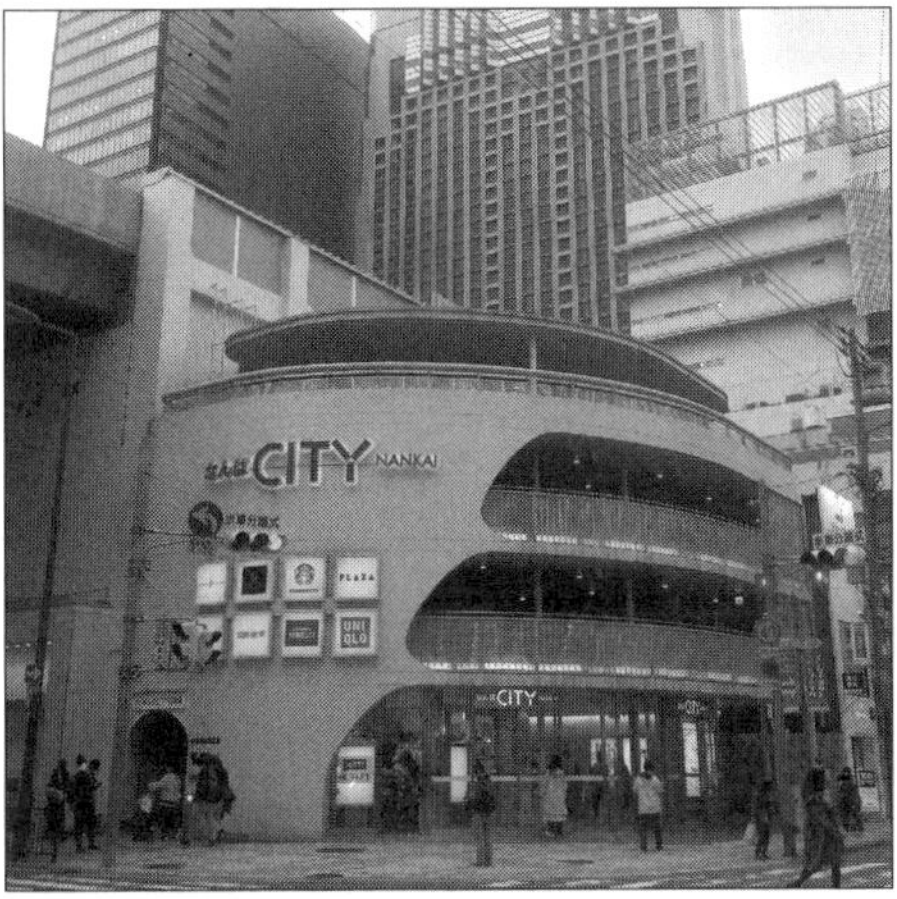

なんばCITY（©Rebirth10）

南海電鉄は、「なんばスカイオ」「なんばCITY」「なんばパークス」など、起点となる難波駅周辺を開発してきた。さらに、前述の第三セクターの株式取得により、大規模な流通センターも取得した。これらが大きく寄与して、不動産業は営業利益の約3割（2018年度は販売用不動産評価損を計上しているため2割以下）を占める。

流通業では、百貨店は展開していないが、なんばや泉北ニュータウンでショッピングセンターを運営しており、約10％という高い営業利益率をたたき出して

那智勝浦の南紀勝浦温泉にある「ホテル中の島」（©663highland）

いる。ちなみに、多数の百貨店を抱える近鉄グループでは、流通事業の営業収益が南海電鉄に比べて約10倍にもなるが、営業利益は2倍程度である。南海電鉄の利益率が高いのだ。

その他の事業を見ると、レジャー施設の「みさき公園」やゴルフ場もあるが、いずれにしても規模は小さい。南海電鉄は、沿線だけでなく、その一歩先にも進出している。

泉州地域や和歌山をエリアとしているため、海とのつながりは深く、現在でも和歌山〜徳島のフェリーを運航している。また、対岸の徳島のバス会社も子会社にしており、和歌山では熊野交通を子会社にしている。

それぞれ事業の規模は小さく、ホテル事業でも、「ホテル中の島」を運営するが、他の鉄道会社のような展開はしていない。目立つのは、葬儀関連ぐらいだろう。

鉄道会社のビジネスは「揺りかごから墓場まで」と言われるが、南海グループは「葬儀会館ティア」を14会館も運営しており、揺りかごの方は充実していないが、葬儀関連は立派である。

コンパクトで筋肉質のように見えるが、南海電鉄もリストラを経験している。主体の鉄道事業では、2006年に貴志川《きしがわ》線を和歌山電鐵に譲渡をした。

インバウンドの恩恵で鉄道事業も好調だが、ローカルエリアでの利用客減少は着実に進行しており、安泰とも言えない。

京阪ホールディングス

京都での事業と土地は想像以上

基礎情報（2019年3月期）
▼営業収益――3262億円　　▼営業利益――337億円
▼売上高営業利益率――10.3%　　▼社員数（本体）――145人
▼営業キロ――91.1キロ（京阪電鉄）、12.3キロ（京福電気鉄道）、14.4キロ（叡山鉄道）
▼主な路線――京阪本線、鴨東線、中之島線、交野線、宇治線、京津線、石山坂本線、鋼索線、嵐山本線（京福電気鉄道）、北野線（京福電気鉄道）、鋼索線（京福電気鉄道）、叡山本線（叡山電鉄）、鞍馬線（叡山電鉄）
▼主な子会社――京阪電気鉄道、叡山電鉄、京福電気鉄道、京阪ステーションマネジメント、京阪レジャーサービス、京阪バス、京都京阪バス、京阪京都交通、江若交通、京都バス、京阪電鉄不動産、ゼロ・コーポレーション、京阪園芸、京阪百貨店、京阪流通システムズ、京阪ザ・ストア、京阪レストラン、カフェ、ホテル京阪、京阪ホテルズ&リゾーツ、京阪ステイズ、琵琶湖汽船、大阪水上バス、比叡山鉄道、樟葉パブリック・ゴルフ・コース、比叡山自動車道、ガーデンミュージアム比叡

京阪電鉄の特急
「エレガント・サルーン」
（©日根野）

厳しい競争に晒される京阪本線

大阪〜京都は、ＪＲ西日本、阪急電鉄、京阪電気鉄道（以下、京阪電鉄）が競合する激戦区である。阪急電鉄は梅田が始発駅で、ＪＲ西日本は大阪、新大阪などを貫く。いずれもターミナル駅で、京阪電鉄だけがオフィス街の淀屋橋《よどやばし》を起点にする。

その京阪電鉄の淀屋橋駅が開業したのは、１９６３年と比較的新しく、それまでは天満橋《てんまばし》が起点だった。悲願の都心乗り入れだったが、ホーム数は少なく、しかも地下なので地味である。現在でも、乗降客数は京橋の方が７割近くも多い。

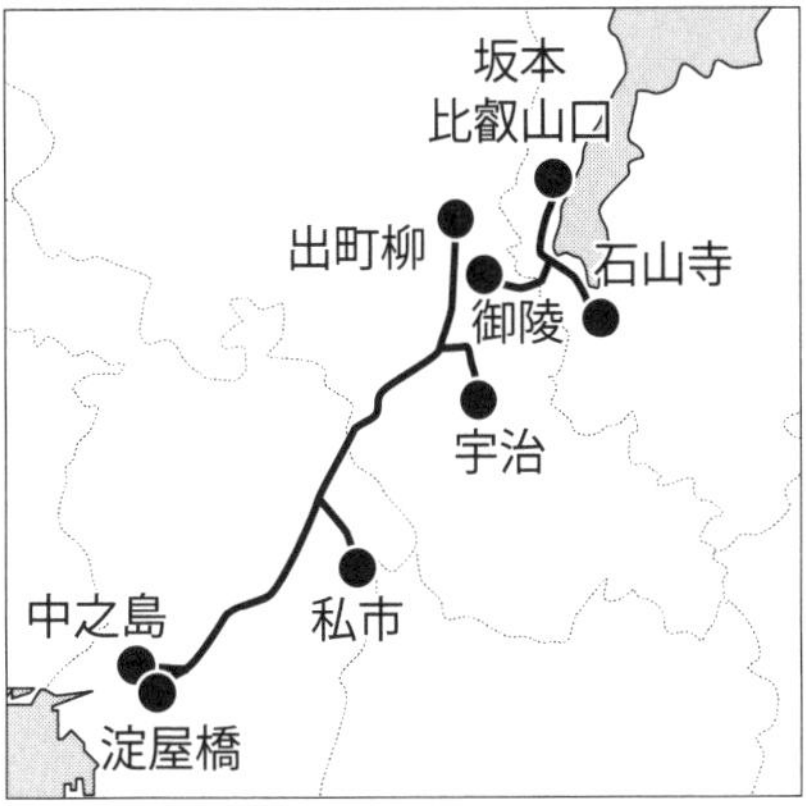

京阪の路線図

一方の京都側は、伏見稲荷、祇園四条、三条などを経て、出町柳《でまちやなぎ》が終点となる。伏見稲荷は外国人観光客に人気の観光地で、祇園四条や三条は東山観光の拠点だ。出町柳からは叡山《えいざん》電鉄に接続し、洛北、比叡山まで足を延ばせる。京都観光へのアクセスの良さが、京阪の魅力である。

京阪電鉄は、特急列車にテレビカーやダブルデッカー車を投入したことで知られるが、最近では、2017年に特別料金が必要なプレミアムカーを導入している。競争が激しいだけに、新しいサービスで差別化を図ってきた。それでも、新快速を投入するJR西日本や、梅田を起点にする阪急電鉄との競争は大変である。

利用客が予想を大きく下回る新規開業路線

京阪本線には、交野《かたの》線、宇治線などの支線がある。その中でも注目すべきは、2008年に開業した中之島線だ。淀屋橋の北側にある中州(中之島)の下を3キロほど走る路線で、京阪本線とは天満橋で接続する。

中之島駅は、関西空港へのアクセス線「なにわ筋線」が経由することになっている。また、延伸により大阪メトロ中央線と接続する計画もある。これらが実現すれば、関西空港や大阪湾岸エリアへのアクセスを担うことになるが、現在は利用者が予想を大幅に下回り、京阪電鉄にとって大きな重荷になっている。

京津《けいしん》線、石山坂本《いしやまさかもと》線は、京阪電鉄の路線だが、他とは独立した路線だ。大津市を中心とした軌道

びわ湖浜大津駅に向かって地上を走る京阪の車両（©yagi-s）

路線で、京津線は京都市営地下鉄に乗り入れる。地下鉄を走る4両編成の車両が「路面電車」となり、一般車と一緒に走る姿は圧巻である。しかし、鉄道好きにはたまらないが、経営状況は苦しい。大阪や京都のような大都市とは違い、大津市の路面電車ともなれば無理もない。

一方、世間で知られている以上に、京阪グループは京都観光に深く関わっている。

京阪電鉄の他に、叡山電鉄と京福電気鉄道によって、京阪グループの鉄道事業は構成されている。叡山電鉄は出町柳を起点とするが、京福電鉄は嵐山を走る路面電車で、京阪電鉄との乗り換えはない。京阪グループは、東山や洛北方面だけでなく、嵐山もカバーしているのだ。

ちなみに、京都駅前にある京都タワー、京都市街を網羅する京都バスも、京阪グループである。これらを見渡せば、京阪のイメージは大きく変わるだろう。

新しい事業への挑戦

京阪グループは、リストラによってタクシー事業からは撤退した。それも一因だが、京阪グループの運輸事業は小さく、営業利益は112億円である。これは南海電鉄の運輸業の2／3以下で、京阪グループの中でも約3割に過ぎない。

その代わりに、不動産事業が営業利益の約半分を占める。

鉄道会社が不動産事業で大きな利益を得るのは典型的な例だ。相模鉄道の場合、鉄道事業は小さいが、横浜駅西口の土地で大きな利益を得ており、年度によっては営業利益が京浜急行電鉄を上回る。関西では、阪急・阪神が梅田に大きな土地を持っており、莫大な利益を得ている。

京阪の場合には、淀屋橋駅の開業が遅かったこともあり、都心に大きな土地があるわけではない。それでも不動産事業の割合が大きいのは、不動産賃貸だけでなく、不動産販売の規模が大きいためだ。

京阪グループと言うと、「くずはローズタウン」が有名だ。1968年に分譲を開始した大規模

京阪グループが運営する「くずはモール」（© L26 (talk)

ニュータウンで、駅には巨大ショッピングモール「くずはモール」が隣接して、ニュータウンの中は京阪バスが走る。まさに京阪の街である。

現在、京阪グループの不動産販売は、首都圏でマンションを供給しており、札幌への進出も果たした。２０１７年には、京都市内を中心に建売住宅・注文建築を手掛けるゼロ・コーポレーションを子会社化して、事業の幅を広げている。

鉄道事業で新しいことに挑戦して、不動産事業では「電鉄ビジネス」の枠を超える。しかも、不動産事業の規模は鉄道事業を大きく上回る。ＪＲ九州の不動産ビジネスが注目されているが、その先駆けは京阪グループと言えるだろう。

ホテル事業でも、面白い試みが見られる。

ザ・サウザンド・キョウト（提供／朝日新聞社）

京阪グループのホテル事業は、2017年度実績で46億円の営業利益を生み、百貨店やショッピングモールの流通業を大きく上回る（2018年度は改装などにより大幅減になった）。京都駅前では、「京都第2タワーホテル」を閉館して、2019年にはフラッグシップホテルとなる「THE THOUSAND KYOTO」を開業した。京都に資産を持つ強みを生かしたのだ。

一方で、2018年には女性専用の宿泊施設（ホステル）を三条にオープンさせている。

価格の安いホステルへの進出は、ホテル事業の幅を広げるが、ブランド力を低下させかねない。しかし、女性客限定の宿泊施設にして、しかもオシャレな空間にしたことで、むしろイメージアップとなった。

京都にとって重要なのは、女性の憧れであり続けることだ。だからこそ京阪は、「おけいはん」のイメージキャラクターを採用する。京都で儲ける京阪は、どこよりも京都を理解している。

西日本鉄道

JR九州のライバル会社

基礎情報（2019年3月期）

▼営業収益――3968億円　▼営業利益――202億円

▼売上高営業利益率――5.1％　▼社員数（本体）――4552人

▼営業キロ――106.1キロ（西日本鉄道）、16.0キロ（筑豊電気鉄道）

▼主な路線――天神大牟田線、貝塚線、筑豊電気鉄道

▼主な子会社――筑豊電気鉄道、亀の井バス、日田バス、西鉄観光バス、西鉄バス北九州、西鉄バス久留米、西鉄バス佐賀、西鉄バス大牟田、西鉄高速バス、福岡西鉄タクシー、久留米西鉄タクシー、柳川西鉄タクシー、北九西鉄タクシー、西鉄ステーションサービス、博多バスターミナル、スピナ、西鉄不動産、西鉄ケアサービス、西鉄ストア、インキューブ西鉄、NNR・グローバル・ロジスティックス（U.K.）、NNR・ダクサー、NNR・グローバル・ロジスティックス（U.S.A）、西鉄運輸、西鉄物流、西鉄シティホテル、西鉄ホテルズ、西鉄旅行、ニモカ、海の中道海洋生態科学館、西鉄プラザ、ラブエフエム国際放送

▼主な関連会社――九州急行バス

西鉄の天神大牟田線を走る
3000形車両
（©JKT-c）

福岡の中心は西鉄が抑える

九州に縁のない人でも、鉄道に関心がない人でも、JR九州は知っているだろう。クルーズトレインの「ななつ星」を始め、数多くの観光列車(D&S列車)を運行している。一方、西日本鉄道(以下、西鉄)を知る人は、地元の人か、鉄道ファンに限られるかもしれない。プロ野球の球団を持っていたが、それも過去の話だ。

「西日本鉄道」という社名から関西にある鉄道会社と誤解されやすいが、九州北部にある鉄道会社で、天神《てんじん》から久留米《くるめ》や大牟田《おおむた》への路線を持ち、太宰府天満宮へのアクセスも担う。営業キロは比較的長く、観光列車も運行している。

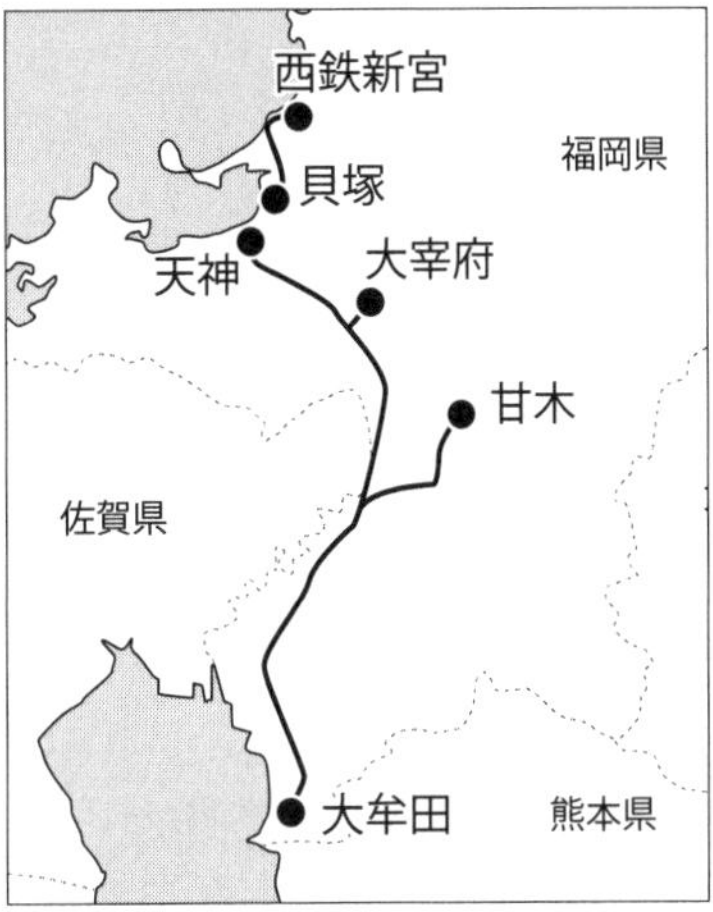

西鉄の路線図

それでも、新幹線を持ち、九州全土が営業エリアのJR九州とは比較にならない。そんな西鉄だが、営業収益は約3968億円(2018年度)で、JR九州と同規模である。どこで儲けているのか?

天神の「ソラリアターミナルビル」（©新幹線）

西鉄は、博多ではなく、天神を起点にしている。ターミナル駅である西鉄福岡（天神）駅は、ターミナルビルの2階にホームがあり、その3階には西鉄天神バスセンターが入る。他のフロアーには福岡三越が入り、ソラリアプラザ、ソラリアステージビルと、西鉄の商業施設が隣接する。ここが西鉄の中心である。

西鉄天神バスセンターからは、九州や本州各地への高速バスが発着し、福岡市営地下鉄を利用すれば、博多駅や福岡空港にも近い。天神は福岡の中心の一つなのだ。

福岡は、商人の街「博多」と、城下町「福岡」と、歴史的に2つの成り立ちがあり、そこに路面電車が敷設されて、天神で二つの路線が交差した。

西鉄は、様々な鉄道会社が合併して誕生した会社だが、ここが事実上の原点である。

西鉄は福岡を超える

福岡市は、人口が増えているだけでなく、特に若い女性が増えており、全国的にも注目されている。教育施設が多いため、学生が集まりやすく、職場、商業施設、新幹線の駅、空港、繁華街と、すべてがコンパクトに集まり、非常に住みやすい。

福岡が発展すれば、西鉄も発展するし、西鉄によって天神は栄える。そんな西鉄だが、事業領域は福岡を超えている。

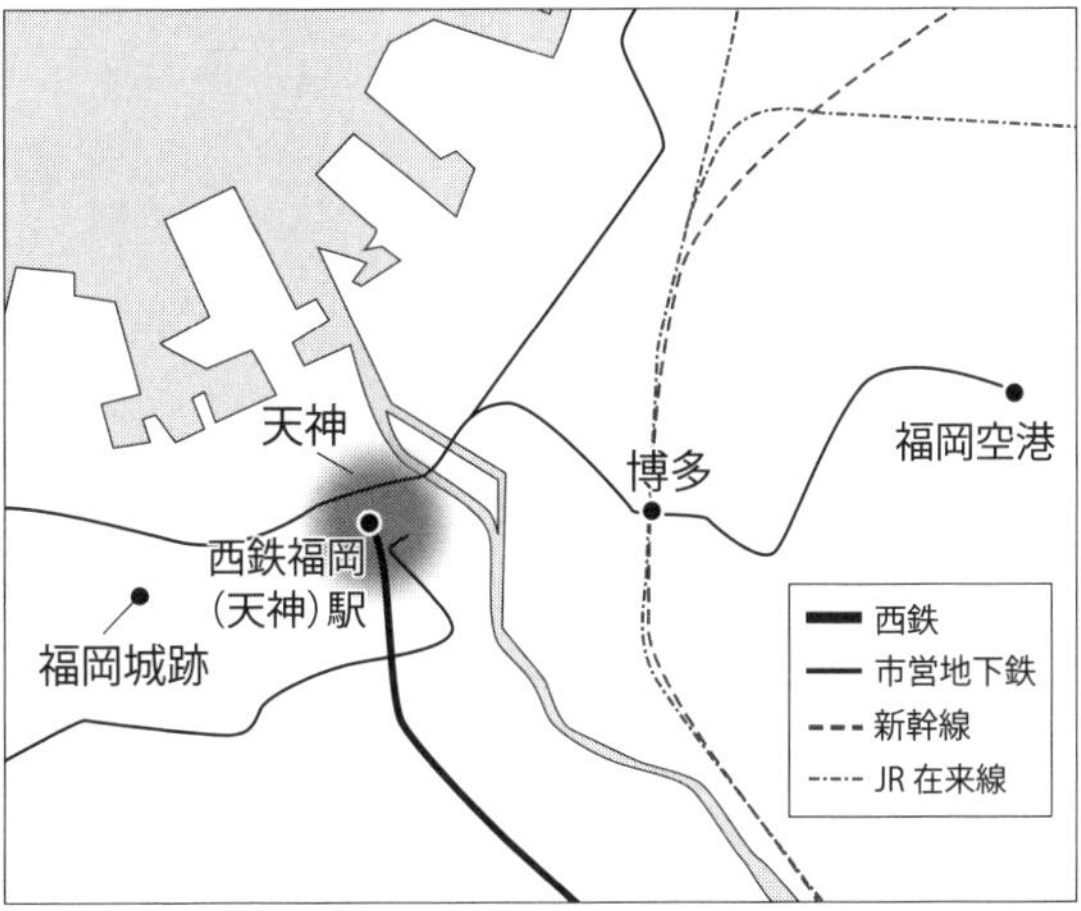

福岡市中心部の位置関係。福岡と博多の中間に天神が位置する

西鉄の鉄道事業は、驚くべきことに営業収益の6％に過ぎず、バスを含めた運輸業でも、1／4に満たない。ちなみに、バス事業の規模は大きく、営業収益は鉄道の倍以上になる。

さらに特徴的なのは、国際物流である。営業収益の約1／4を占めており、これだけで鉄道を大きく上回る。近鉄も国際物流を手掛けるが、関連会社なので、これほどの比率にはならない。

昨今、多くの鉄道会社が、鉄道事業の成長が見込めないためグローバル化を模索している。西鉄では、戦後すぐにパンアメリカン航空と代理店契約を結び、早くから海外に目を向けた。地方の運輸業だけでは大きな成長は難しいと、その頃から考えたのだ。

西鉄のホテル事業は、九州・沖縄だけでなく、首都圏や四国、名古屋に展開している。その中でも、最高グレードのホテルは京都の三条にあり、海外でも開業している。ここでも、沿線外に果敢に進出している。

JR九州も、鉄道以外の事業拡大に成功して、上場を果たした。JR九州にとって西鉄は、ライバル会社であると同時に、身近な手本でもある。

おわりに

暴利を得られる鉄道もあれば、公的資金がなければ成り立たず、事業として破綻している鉄道もある。

タクシー、バスに比べて、鉄道は大量輸送・高速輸送に向いている。ＪＲ北海道管内では、道内の主要都市を結ぶ路線でも、稚内方面の宗谷線、根室方面の根室などでは輸送密度が５００人／日以下で、鉄道が担うべき輸送量ではない。これらの路線では、１００円を稼ぐのに７００円以上のコストがかかり、完全に破綻している。バスに転換すれば赤字額は大幅に抑えられるが、それでも黒字化は困難だ。

一方で、東海道新幹線やＪＲ東日本の首都圏では、莫大な利益が得られる。仮に、東海道新幹線の運賃を原価＋15％利益で算出すると、少なくとも現在より6割ぐらい下げられるだろう。東海道新幹線で莫大な利益を得ることで、自社のローカル線を支えて、国鉄からの長期債務を圧縮し続けた。さらに、現在ではリニア中央新幹線を建設するだけの資金力を得ている。

ＪＲ東日本も同じである。上野東京ラインを開業して、田町の車両基地を縮小させたことで、都心に莫大な土地を得た。この土地のおかげで、高輪ゲートウェイを開業させて、駅周辺を再開発できる。これは東京の発展にも寄与するし、何より、同社にとって極めて大きな資産となる。都心で活用できる土地を探せば、そこから莫大な富が得られるのだ。

鉄道が持つ、大量輸送・高速輸送の特性が最大限に発揮できるところでは、鉄道事業だけでも大きな利益を得られる。その乗客をターゲットに関連事業が発展すれば、駅周辺の土地でも莫大な利益が得られる。それは独占的な利益であり、しかも半永久的に続く。鉄道ビジネスは、多大な投資や、多角化した事業の不振などによって経営危機に陥ることもあるが、足元の資産に価値があれば、まず倒れることはない。

ＪＲの場合、その資産は国鉄から承継したものだ。

東海道新幹線は、開業当時は世界初の高速鉄道だったが、その後は停滞して、国鉄は延々と０系を製造し続けた。それに比べれば、速度アップを実現させるなど、ＪＲ東海の功績は大きい。それを否定するものではないが、東海道新幹線が莫大な利益を生むのは、そもそも承継した資産に莫大な価値があったからだ。

ＪＲ東日本も同じである。１日に何十万人もの人が乗車する駅は、彼らが築き上げた資産だが、それ以上に承継した資産なのだ。
ＪＲ北海道の平均給与は５００万円程度だが、ＪＲ東日本やＪＲ東海の平均給与は７００万円を超える。平均年齢や学歴などが異なるため一概には言えないが、大きな差があるのは明らかだ。
この差は、これまでの経営者や社員による功績の差なのか、承継した資産の差なのか。なんとも釈然としない。この事実もまた、鉄道ビジネスが生み出す光と影である。

本書は、紙幅の都合上、ＪＲと大手私鉄のみを取り上げた。ここに取り上げなかった鉄道会社を含めて、我々は鉄道ビジネスに取り囲まれており、あらゆる機会で金を落としている。本書が、良くも悪くも鉄道会社を見つめなおす機会となり、何気なく利用している鉄道への見方が少しでも変われば、書き手としては幸いである。

２０１9年9月　佐藤充

【著者略歴】
佐藤充（さとう・みつる）
元大手鉄道会社社員で、『徹底解析!! 最新鉄道ビジネス』（洋泉社）などに執筆している。『社名は絶対明かせない　鉄道業界のウラ話』『誰も語りたがらない　鉄道の裏面史』（ともに小社刊）の著書がある。

明暗分かれる鉄道ビジネス
暴利を得る鉄道と破綻する鉄道のカラクリ

2019年10月22日　第一刷

著　者　　佐藤充

発行人　　山田有司

発行所　　株式会社　彩図社
東京都豊島区南大塚 3-24-4
ＭＴビル　〒170-0005
TEL：03-5985-8213　FAX：03-5985-8224

印刷所　　シナノ印刷株式会社

URL：https://www.saiz.co.jp
https://twitter.com/saiz_sha

ISBN978-4-8013-0405-5 C0065
落丁・乱丁本は小社宛にお送りください。送料小社負担にて、お取り替えいたします。
定価はカバーに表示してあります。